KB036581

소리 교육 1

소리 교육 1

소리, 귀, 마음을 위한
100가지 연습 노트

머레이 셰이퍼 지음 | **한명호** 옮김

그물코

머리말

이 책의 주제는 소리[音]다. 소리를 주제로 한 이 책의 목적은 사람들에게 소리를 더 잘 들을 수 있도록 가르치는 방법을 제시하는 것이다. 나는 음악가로서 그에 대한 필요성을 느낀다. 소리나 음성으로 메시지의 교환이 이루어지는 한, 듣는다는 것은 어떠한 교육적 경험에서도 중요하다. 원하든, 원하지 않던 간에 우리는 늘 무언가를 듣는다. 그러나 귀가 있다고 해서 그 귀가 정확하게 기능하는지에 대해서는 아무 보증도 없다. 사실 많은 교사들이 학생들의 '듣는 능력'이 떨어지고 있다고 한탄한다. 이는 심각한 문제이다. 교육 가운데 오감(伍感)의 교육만큼 기본적인 것이 없고, 그중에서도 청각은 가장 중요한 것 중 하나이다.

우리는 여러 가지 소리를 제각기 다른 방법으로 듣는다. 개인뿐 아니라 사회도 제각기 독자적인 듣기법을 갖고 있음을 보여 주는 많은 증거가 있다. 예를 들면, 우리가 '집중적 청취'라고 부르는 것과 '주변적 청취'라고 부르는 것에는 각각 듣기법이 다르다. 어떤 소리에 초점을 두고 나머지 소리는 흘려듣는 이유는 무엇일까? 문화적 차별 탓에 전혀 들리지 않는 소리가 있지는 않을까? (한 아프리카 사람이 예전에 말한 적이 있다. "아파르트헤이트는 소리다! (Apartheid is a sound!")) 어떤 소리는 다른 소리 탓에 필터로 걸러지거나 두드러지지 않는 것일까? 최근 소리 환경의 변화는 우리가 선택하거나 무시하는 소리의 종류에 어떤 영향을 미치는 것일까?

나는 소리 환경을 '사운드스케이프(soundscape)'라고 부른다. 우리가 어디에 있든 간에 그곳에 있는 모든 소리가 바로 사운드스케이프이다. 이것은 시각적 풍경을 의미하는 랜드스케이프(landscape)에서 파생된 조어이지만, 랜드스케이프처럼 야외에만 한정되지 않는다. 예를 들면, 지금 글을 쓰고 있는 내 주변 환경도 사운드스케이프이다. 활짝 열린 창문에서는 미루나무 나뭇잎 사이를 빠져나가는 바람 소리가 들려온다. 둥지에서는 어린 새

5

가 방금 부화했다. 유월의 공기는 그들의 울음소리로 가
득하다. 집 안에서 냉장고가 갑자기 우웅 하는 소리를 낸
다. 나는 깊게 숨을 들이쉬면서 파이프를 피운다. 피울 때
마다 작은 소리가 난다. 내 펜은 미끄러지듯 종이 위를 달
리고, 그 소리는 불규칙하게 선회한다. 느낌표나 쉼표를
찍을 때마다 '톡' 하는 소리가 난다. 이것은 어느 날 내 농
장의 평화로운 오후 한때의 사운드스케이프이다. 잠깐
시간을 두고 이 글을 읽는 독자 여러분의 사운드스케이
프와 비교해 보면 어떨까? 어쨌든 세계의 사운드스케이
프는 믿기지 않을 정도로 다양하다. 그날의 시각이나 계
절 또는 장소나 문화에 따라서도 달라진다.

　오늘날 세계 모든 곳에서 사운드스케이프가 변화하고
있다. 더 도시적으로, 더 기계적으로 변화하고 있다. 인구
가 늘어남에 따라 소리도 증가하는데, 더 많은 전기 제품
이 우리를 에워쌈에 따라 그 성질도 바뀐다. 변화는 더 시
끄러운 환경을 발생시키기에, 현대 문명이 소음 탓에 스

스로 청각 장애를 일으키는 중이라는 증거가 점점 늘어나고 있다. (많은 통계 결과로부터 몇 가지 발췌해 본다. 1991년 테네시 대학에 입학한 학생 중 33%는 고음역 청취에 결함이 있었다. 취리히 대학의 조사에 의하면, 검사를 받은 디스크자키와 록 음악가의 70%는 청력 장해가 있었다. 또 스위스의 조사에서는 1968년에 군에 입대한 젊은 이 중 이미 5만 명이나 청력을 손실했는데, 이 수치는 1980년대 초에 30만 명으로 급증했다.)

소음 공해의 생리학적 위험은 일단 차치하고, 최근 소리 환경의 변화는 인간의 청력에 어떠한 심리적 영향을 끼치는 것일까? 우리는 소음으로부터 어떻게 벗어나야 할까? 눈과는 달리 귀에는 덮개가 없다. 그렇다면 듣기 싫은 소리를 없애는 방법은 있을까? 수많은 소리 가운데 원하는 메시지만 끄집어내는 방법이 있을까? 감각에의 과도한 부담 탓에 마약 중독 같은 무기력이나 영혼이 뭉개지는 듯한 절망에 빠지지는 않을까?

절망하기란 쉽다. 1965년 무렵, 한 대학의 커뮤니케이션 학과에서 '소음 공해' 수업을 시작했을 때, 나는 오로지 비판적이고 부정적이기만 한 주제에서는 결국 아무것도 생산되지 않음을 알았다. 전문가들이 와서 학생들에게 내이(內耳)를 그린 도면이나 제트 엔진 소음의 데시벨(dB) 차트를 보여주었다. 법률가는 청력 손실 피해 소송에서 이기는 것이 얼마나 곤란한가를 설명했다. 도시 계획 전문가는 강제력이 거의 없는 소음 조례를 읽어 주었다. 음향 기술자는 유효한 조사를 하려면 많은 시간과 돈이 필요하다고 절실하게 하소연했다. 전문가 대부분이 사실 자기 직업에 손해가 돌아오지 않도록 소음을 보존하는 데에만 관심이 있었다. 학생들도 시큰둥했다. 그들은 말했다. "맞아, 세상은 시끄러워. 그런데 우리가 어떡해야 한다는 거야?" 사실, 변화된 현대의 사운드스케이프는 새로운 소음에 대한 욕구를 자극한다. 직장이나 거리에서 인간을 둘러싼 소리의 크기가 커짐에 따라 음악이나 여가 활동에서도 더 큰 소리가 요구된다. 일반적으로 이러한 상태가 건강에 미치는 위험성은 알려지지 않았기 때문에 현대인들 대부분은 소음을 낮추고 줄이는 데 반대하고, 그러고 나면 생활의 활력을 잃는 것으로 생각한다.

『사운드스케이프―세계의 조율』(『사운드스케이프―세계의 조율』은 도서출판 그물코에서 2008년 한국어판이 출판되었다.)은 인류의 소리 역사를 논한 책이다. 소리 문제를 '소음'이라는 부정적인 주제로 다루지 않고, 사운드스케이프 디자인이라는 긍정적인 주제의 탐구로 전환하는 방법을 설명했다. 사운드스케이프 디자인이란 나에게 '위로부터의 디자인'이나 '밖으로부터의 디자인'을 뜻하지 않는다. 그것은 '내부로부터의 디자인'을 뜻한다. 최대한 많은 사람이 주변의 소리를 깊은 비평력과 주의력을 갖고 들을 수 있게 됨에 따라 이루어지는 '내부로부터의 디자인'이다. 우리는 과연 어떠한 소리를 남기고 싶어 하는가? 환경에 반드시 있어야만 하는 특질을 남기려면, 환경을 더 아름답게 하려면 소리를 어떻게 보전해야 하는 걸까?

세계의 사운드스케이프를 개선할 방법은 매우 단순하다고 나는 믿는다. 듣는 방법을 배우면 된다. '듣는다'는 행위가 그저 습관이 되어 버리면서 우리는 듣는 방법을 잊어버린 것이다. 자신을 둘러싼 세계의 경이로움을 들을 수 있도록 귀를 단련해야만 한다. 예리한 비평력을 갖춘 귀로 발달시키자. 그러고 나서 다른 사람들이 우리의 실천을 통해 영향 받을 수 있도록 좀 더 사회적 의미가 있는 대규모 프로젝트를 진행하자. 최종적으로 지향해야 할 것은 주변의 사운드스케이프에 영향을 주는 모든 것을 우리가 의식적으로 디자인해 보겠다고 하는 것이다.

사운드스케이프 디자인 프로그램에 흥미가 있는 교사나 개인에게, 이 모든 것을 적절하게 보여 주려면 어떤 방법이 가장 좋을까? 가장 단순한 방법이 가장 좋다는 것이 내 결론이었다. 연습 노트를 펴내자는 것이다. 나는 이 연습 노트를 '이어 크리닝(ear cleaning) 연습 노트'라고 부르고 싶다. 이 책에 실린 연습 과제들은 모두 나 자신에게, 또 아이나 어른 양쪽을 대상으로 실제로 해 본 적이 있다. 대부분 특별한 훈련을 필요로 하지 않는 과제다. 혼자서 할 수 있는 과제도 많지만 대개 친구들이나 동료들과 모둠으로 하는 것이 좋다.

　나는 이 연습 노트의 과제가 1번부터 100번까지 체계적으로 이루어졌다고 생각하지 않는다. 여기에 있는 과제는 모두 장소에 맞춰 자유롭게 만들어졌을 뿐이다. 그러나 첫머리에는 청각 및 청각적 상상력에 관한 과제가, 중간에는 소리 만들기에 관한 과제가, 마지막에는 사회의 소리에 관한 과제가 실렸다. 이 과제 모두를 실제로 해 보면 자연스럽게 다른 과제를 생각해 내거나 각 상황에 맞춰 더 완벽하고 적절한 과제로 발전시키는 방법을 발견할 것이다. 독자 여러분이 해 본 결과와 비교할 수 있도록, 몇몇 과제에는 이미 과제를 수행한 적이 있는 개인이나 그룹의 결과를 실었다. 이 프로젝트에 끝이란 없다. 이

프로젝트는 좋은 귀를 갖춘 이들이 생각해 낼 수 있는 모든 방법을 통해, 이 세계를 더 아름답게 만들어 가려는 끊임없는 노력 그 자체이다.

1991년 8월 인디언리버에서

머레이 셰이퍼

소리

귀

마음을 위한

100가지

연습 노트

1

간단한 과제부터 시작하자. **들리는 소리를 모두 종이에 적어 보자**. 시간은 이삼 분이면 충분하다. 들리는 소리의 목록을 만들자. 여러 사람이 함께한다면, 차이에 주의하면서 각자 목록을 작성하고 나누어 읽어 보자.

하나하나의 목록은 당연히 모두 다르다. 왜냐하면 듣는다는 행위는 지극히 개인적이기 때문이다. 긴 목록이든 짧은 목록이든 답은 모두 맞다.

이 간단한 과제는 어디에서나 누구라도 가능하다. 듣는 습관을 몸에 익히려면 서로 다른 환경에서 몇 번이든 해 보는 게 좋다.

2

이제 소리 목록을 여러 가지 방법으로 분류해 보자. 자연이 내는 소리에는 N(Nature), 사람이 내는 소리에는 H(Human), 기계가 내는 소리에는 T(Technology) 표시를 붙여 보자. 어떤 소리가 가장 많은가?

이번에는 자신이 낸 소리에 표시를 해 보자. 가장 많은 소리는 자신이 낸 소리인가? 아니면 다른 소리인가?

듣는 동안 끊이지 않고 계속된 소리도 있을 것이다. 되풀이하며 반복되는 소리도, 몇 번씩 들려오는 소리도, 한 번밖에 들리지 않는 소리도 있을 것이다. 지속되었던 소리에는 U(Unique) 표시를 붙여 보자. (이 질문을 듣기 전까지는 깨닫지 못했지만, 과제를 시작하고부터 여러분 주변에서 지속되는 소리는 무엇인가?)

3

종이 한 장을 꺼내 보자. 종이 윗부분에는 큰 소리를, 아랫부분에는 작은 소리를 적는다. 위에서부터 아래로 큰 소리에서 작은 소리가 되도록 목록에 있는 소리들을 나열해 보자.

이번에는 종이를 뒤집는다. 중간 크기 정도의 원을 한가운데에 그리고, 자신이 낸 소리는 모두 그 원 안에 써 넣는다. 다른 소리는 원 바깥에 적는데, 들려온 방향이나 거리에 따라 배치해 보자.

재치 있는 교사는 이 과제를 하면서 학생들이 서로 의견을 교환하도록 만든다. 소리는 사람마다 다르게, 여러 형태로 받아들인다는 것을 보여 주는 게 이 과제의 목적이다. 소리는 한 범주의 감옥 안에 가두어 둘 수 없다. 소리란 다양하고 늘 변화하며 새로운 의미를 만들어 내는 것이다.

4

여러분 앞을 지나치는 소리가 있다. 여러분이 지나간 뒤에 거기에 남는 소리도 있다. 또한 여러분과 함께 움직이는 소리도 있다. 이 과제에서는 우선, 각 범주에 적합한 소리를 생각해 보자. 예를 들면 다음과 같다.

고정된 소리	움직이는 소리	여러분이 움직이는 소리
교회 종소리 공장 호각 소리 난방 및 환기 장치 소리	자동차 소리 비행기 소리 새 소리	목소리 발소리 옷과 장신구 소리 자동차 또는 자전거 소리

소리는 움직이면 성질이 바뀐다. 이 사실을 설명하려고 나는 자주 움직이면서 여러 가지 소리를 내고, 모두 눈을 감은 채 그 소리들을 듣게 한다. (이 연습 노트에는 눈을 감고 하는 과제가 많은데 학생들은 금세 익숙해질 것이다.)

나는 중얼거리면서 돌아다닌다. 모두의 귀가 나를 좇는다. 움직이는 내 소리, 그 위치를 손으로 가리킬 수 있을까? 움직이면서 소리 내는 사람은 소리의 질을 확실하게 바꿀 수 있다. 나는 여러분에게 걸어오는가 아니면 멀어져 가는가? 방 한쪽 구석에 서 있는가? 아니면 입구에서 밖으로 나가려 하는가? 커튼 뒤를 지나면 말소리가 묻힐까? 소리들의 차이를 모두 구분해 들을 수 있어야 한다.

이삼 분 정도만 참고 귀를 진정시키면, 사람들은 '소리 그림자(acoustic shadows)'를 들을 수 있게 된다. '소리 그림자'란 소리 내는 사람이 책상이나 의자 등 작은 물체 뒤를 통과할 때, 그 소리에서 발생하는 아주 미세한 변화를 말한다. 사람들은 귀로 사물을 '보는' 일이 실제로 가능함을 알고는 깜짝 놀랄 것이다. 이는 바로 눈이 보이지 않는 사람이 하는 일과 같다.

5

움직이는 소리에 대한 지각 능력을 높이기 위한 과제. 한
사람이 일단 밖으로 나간 다음 혼자 낼 수 있는 소리를 생
각한 뒤에 안으로 들어오면서 그 소리를 옮긴다. 나머지
사람들은 눈을 감고 그 소리의 움직임을 손가락으로 좇
는다. 열쇠가 짤랑거리는 소리, 무언가를 똑똑 두드리는
소리, 낱말 중얼거리기 등 무엇이든 좋다.

잠시 후 두 번째 사람이 나갔다 들어와서 다른 방향으로
움직이면서 새로 내는 다른 소리를 찾도록 한다. 사람들
은 첫 번째 소리를 오른손으로, 두 번째 소리를 왼손으로
가리키면서 양쪽 소리를 모두 좇는다.

그러고 난 뒤 좀 더 복잡한 상황을 만든다. 다시 두 가지
새로운 소리를 추가한 뒤, 각자 멋대로 움직이게 한다. 사
람들의 절반은 처음 두 가지 소리를, 나머지 절반은 나중
두 가지 소리를 좇는다.

잘 되는지 확인하기 위해 가끔 눈을 떠도 좋다. 정확하게 소리를 좇을 수 있게 하려면 충분히 다른 네 가지 소리를 선택해야 한다. 필요한 두 가지 소리를 분별해 내고, 나머지 소리를 무시하는 일은 결코 쉽지 않다. 그렇지만 이 능력은 훈련을 통해 향상된다.

더욱 어렵게 한다면, 실내를 네 사람이 노래하면서 돌아다닌다. 그들이 옮기는 화음 가운데 두 가지 음씩을 좇도록 하는 방법도 있다.

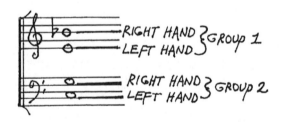

내 경험에 의하면, 이 과제에서 사람들은 나이에 상관없이 열중하게 된다. 예전보다 훨씬 많은 소리가 더욱 빠르게 움직이는 현대를 사는 사람들에게 이 과제는 뜻 깊은 것이기에, 때때로 반복해 보는 것도 좋을 듯하다. 전통의 귀 훈련[聽音]에서는 움직이지 않는 정적인 소리를 다룬다. 그러나 이 과제는 동적인 소리 훈련으로, 소리를 배우려면 반드시 한 곳에서 소리를 발생시킬 필요가 없음을 보여 준다.

6

실생활에서 움직이는 소리와 자주 만나는 곳은 길모퉁이다. 길모퉁이로 가서 눈을 감고 잠시 조용히 멈춘 채 모든 소리의 움직임을 들어 보자. 교통량이 많은 곳이라면, 들려오는 소리는 대부분 근처에서 나는 소리이다. 때로는 깜짝 놀랄 정도로 가깝기도 하다. 교통량이 적으면 더 먼 곳의 소리도 들려온다.

사운드스케이프는 그 안에 어느 정도 활동이 있는가에 따라서 확대되거나 축소된다. 시계(視界) 역시 마찬가지다. 도시에서는 높은 빌딩 등에 가려 시계가 몇 미터밖에 안 되지만, 시골에서는 훨씬 멀리까지 보고 들을 수 있다. 가능한 한 먼 곳의 소리를 들으려고 해 보자. 그 소리는 도대체 무엇인가? 어느 정도 떨어진 곳에서 나는 소리인지, 그 거리나 방향을 추측할 수 있는가?

20세기 내내 사람들이 도시로 이주함에 따라 클로즈업된 소리에 관한 기호가 높아져 왔다. 음반 업계나 방송 업계를 보면 이 사실은 명확하다. 그것은 동시에 우리가 먼 소리를 듣는 능력을 잃었음을 뜻한다. 그렇지만 멀리서 들려오는 소리에는 특별한 매력이 있다. 이 연습 노트 가운데 야외에서 해야 할 과제 중 몇 가지 정도는 번잡하지 않은 곳에서 해 보는 것도 좋을 것이다.

7

번잡한 길목을 선택해 보자. 이번에는 자동차 경적 소리 같은 한 종류 소리에만 주의를 기울이면 좋겠다. 어떤 일정한 시간, 예를 들어 십 분 동안 그 수를 세어 보자. 뭔가 세는 것을 좋아하는 아이들에게는 특히 좋은 연습이 되겠지만 사실 누구에게나 유용할 것이다. 이 과제를 해 보면, 자동차 경적이 실은 여러 가지 형태라는 것, 때로는 회화처럼 사용되는 것을 깨달을 것이다.

비교를 위해 전 세계 주요 도시의 큰 교차로에서 한 시간 정도 들리는 경적 소리의 평균 숫자를 나열해 둔다. 이 숫자는 1974년부터 1975년에 걸친 실험 결과이므로, 지금 다시 해 본다면 틀림없이 더 높은 수치가 나올 것이다. 실험 방법은 한 시간에 십 분씩, 아홉 시간 동안 측정한 뒤 그 평균치를 적은 것이다.

모스크바 17, 스톡홀름 25, 토론토 44, 시드니 62, 비엔나 64, 암스테르담 87, 런던 89, 도쿄 129, 로마 153, 아테네 228, 뉴욕 336, 파리 461, 카이로 1150.

8

같은 방법으로 다른 소리를 들어 보자. 예를 들면, 브레이크의 '끼이익' 소리, 개 짖는 소리, 또는 지나가는 자전거 소리를 세어 보자.

9

특정한 소리에 초점을 맞추는 것만으로 사운드스케이프 전체를 알 수 있다.

먼저 발소리에 주의해 보자. 번잡한 거리에서는 여러 종류의 발소리가 들려오지만 정확히 같은 소리를 내며 걷는 사람은 없다. 발을 끌면서 느릿느릿 걷는 사람이 있는가 하면, 성큼성큼 빠르게 걷는 사람도 있다. 또한 그 사이에는 많은 변주가 있다. 게다가 신발 소재도 여러 가지다. 세계에 있는 온갖 종류의 신발 소재마다 다 다른 소리를 낸다.

지금 여러분이 있는 길모퉁이에서 얼마나 많은 발소리를 구별해 낼 수 있을까?

참고로, 내가 읽은 소설에서 발소리에 관한 기술을 몇 구절 적어 둔다.

'딸각딸각하는 남자 신발 뒤축 소리와 구두창을 질질 끄는 소리.'(아일랜드)

'딱딱한 마루 위를 울리는 하이힐의 뚜벅뚜벅 소리.'(캐나다)

'발소리는 울리지 않는다. 하지만 그 아래로 눈이 화난 듯 뽀드득거린다.'(러시아)

'짤각거리는 샌들.'(나이지리아)

'방적 공장 여공이 나막신을 신고 자갈길을 간다.'(영국)

'슬리퍼 질질 끄는 소리.'(캐나다)

'맨발로 타박거리는 작은 발소리.'(캐나다 농촌)

'나무망치 소리처럼 힘 있고 활기찬 발자국.'(영국)

'취리히의 길에 쭉 깔린 둥근 돌이 그의 발아래에서 달그락달그락 울었다.'(스위스)

'징 박은 나무창 구두가 심하게 달그락거리는 소리.'(프랑스 농촌)

10

길가에서 하는 과제를 조금 더 해 보자. 연속음(전깃줄이 우는 소리 또는 환풍기의 잡음)을 찾아서 그 소리와 같은 높이의 소리를 허밍으로 해 보자. 허밍을 계속하면서 한 구역을 돈 뒤 다시 처음 장소로 되돌아온다.

여러분은 여전히 같은 높이의 소리로 허밍 중인가? 빨리 걸으면 소리의 높이가 올라가는 일이 많다. 천천히 걸으면 반음 정도 내려가는 경향도 있다.

어떻게 해서 이런 일이 생길까?

"

스피커에서 음악이 흘러나오는 곳으로 가서, 두 가지 다른 음악 소리가 서로 교차되는 곳을 찾아보자. 한쪽 소리가 다른 소리를 가려서 들리지 않게 하는 정확한 지점을 찾아내자. 또는 두 가지 음악이 어쩔 수 없이 뒤섞이는 지점을 찾아보자. 오늘날 이런 장소를 찾는 일은 간단하다.

12

이번에는 여러 상점에 들어가 보고, 가장 조용한 상점을
찾아보자. 그곳은 어떤 상점인가?

13

사람들이 계단을 오르내리는 장소를 찾아보자. 올라가는
사람의 소리와 내려가는 사람의 소리는 같은가? 어느 쪽
의 소리가 더 큰가?

14

'소리에 귀 기울이며 걷기'를 해 보자.

한 사람 한 사람이 가장 좋은 상태에서 소리를 들으려면 뒷사람은 앞사람 발소리가 들리지 않을 만큼 간격을 두고 일렬로 걷는다. 만약 다른 사람의 발소리가 들리거나 너무 가까워졌다 싶으면 걷는 속도를 늦추자.

걷기를 마친 뒤에 다음 질문에 답해 보자.(또는 그 장소에 적당한 질문을 몇 가지 골라 답해 보자.)

　1) 가장 컸던 소리는 무엇인가?

　2) 가장 작았던 소리는?

　3) 큰 소리 탓에 들리지 않은 작은 소리는?

　4) 속도가 가장 빠른 소리는?

　5) 당신 곁을 스쳐간 소리 세 가지는?

6) 당신과 함께 움직인 소리 세 가지는?

7) 머리 위에서 들려온 소리 세 가지는?

8) 움직이면서 방향을 바꾼 소리 한 가지는?

9) 다른 소리에 반응해서 울린 소리 한 가지는?

10) 귀에 가장 거슬렸던 소리는?

11) 두 번밖에 들리지 않았던 소리는?

12) 무언가를 열면서 났던 소리는?

13) 그것을 여는 사이에 들렸던 다른 소리는?

14) 걸으면서 들렸던 소리 중 가장 인상 깊었던 소리 또
   는 가장 마음에 남았던 소리는?

15) 리듬이 확실했던 소리는?

   (그 리듬을 적고 입으로 반복할 수 있는가?)

16) 가장 아름다웠던 소리는?

17) 가장 멀리서 들려왔던 소리는 무엇인가? 얼마나 멀
   리서 들렸는가?

18) 소리의 높이가 천천히 올라가거나 내려갔던 소리는?

19) 그 소리 풍경에서 삭제되었던 소리는?

20) 듣고 싶었는데도 듣지 못했던 소리는?

이 질문들에 대한 답은 여러 가지가 있을 것이다. 서로 얘기해 보자.

15

이 연습 노트의 나머지 과제들을 하는 동안, 각자 '소리 일기'를 써 보자. 예를 들면, 신기하다고 생각하는 소리, 그 소리에 대한 여러분의 반응, 소리 환경 전반에 대한 의견, 중요하다고 생각하는 소리 등 무엇이든 좋으니까 날마다 적어 보자.

물론, 일기는 자신을 위한 것이니까 타인과 공유할 필요는 없다. 그렇지만 나는 각자 일기의 한 부분을 읽고, 모둠 전체가 논의하는 것도 가끔 필요하다고 생각한다. 뿐만 아니라 소리에 대한 반응이 사람들마다 얼마만큼 다른지를 체험하기 위해 각자 일기를 이삼 일 정도 교환할 수도 있다.

16

소리 일기의 힌트로서 문득 떠오른 질문이 있다.

— 오늘 아침, 눈을 떠서 가장 먼저 들은 소리는?

— 어젯밤, 잠들기 전 가장 마지막에 들은 소리는?

— 오늘 들었던 가장 큰 소리는?

— 오늘 들었던 가장 아름다운 소리는?

17

소리 일기를 위한 다른 질문.

여러분의 인생에서 체험했던 소리 중 가장 마음에 남는
소리는 무엇인가?

한두 문단으로 적어 보자.

18

다음은 터무니없이 어려운 과제이다.

몇 시간 동안 일절 말하지 말자고 선언한다.

우선 스스로 어느 정도 말하지 않고 있을 수 있는지 시간을 정한다. 이로 인해 오해받지 않도록 친구나 가족에게 미리 알려서 마음의 준비를 시켜 두는 것이 좋다. 스물네 시간 정도 말하지 않는 게 바람직하지만, 대부분 실제로 하는 것은 무리일 것이다.

전 세계의 종교나 사상은 대부분 일상생활의 어수선함이나 혼란에 대처하기 위해 침묵이나 명상의 시간을 갖도록 장려하고 있다. 나는 이 수련을 '투청력(clairaudience, 보통 사람들의 귀에는 들리지 않는 소리를 듣는 능력)'을 얻기 위한 수단으로 권하고 싶다. 소리를 듣는 모든 과제는 명상으로 또는 고요함의 존중으로 우리를 유혹한다. 이렇게 자신은 소리를 내지 않고 조용하게 듣는 사람들에게는 많은 소리가 들리게 된다.

이 과제 중에 소리 일기는 간단히 적도록 하자. 인상적인 것만을 이따금 적어 두는 것이 좋다.

19

다음 질문에 대해 생각해 보자.

어떤 사람이 내는 소리를 듣고 그 사람이 누구인지를 판
별할 수 있을까?
걷는 속도나 간격, 신발이나 옷 소리만으로 친구를 알아
낼 수 있을까?

모두 눈을 감고, 그 앞을 누군가 걷게 한다. 그 사람이 누
군지 완전하게 알 수는 없어도, 하다못해 걷는 사람의 성
별이나 체중을 알 수 있을까? 그 사람이 가까이 왔을 때,
옷의 소재가 무언지 알 수 있을까? 액세서리 등 뭔가 단
서가 될 것을 몸에 지니고 있는가? 그 사람이 '나는 정체
불명의 인간' 등과 같은 말을 중얼거리면, 여러분은 이제
그가 누군지 알 수 있는가?

여러 사람을 선택해서 이 과제를 해 보자. 물론 사람을 선
택하는 것은 모두 눈을 감은 뒤여야 한다.

20

어떤 사회든지 사람들은 속한 집단에 따라 독특한 소리를 갖고 있다. 예를 들면, 남자와 여자의 차이는 목소리만이 아니다. 여러 가지 소리가 남녀를 확실하게 구별 짓는다. 각자 성(性)에 관련된 전형적인 소리의 목록을 만들어 보자.

아래는 1980년에 몬트리올 학생들이 제공해 준 것이다. 요즘에는 많이 변했을지도 모르겠다.

남성	여성
커다란 트림	우는 소리
거친 구레나룻에 면도칼 소리	립스틱 용기가 펑 하는 소리
주머니 속에서 짤랑거리는 동전	짤랑거리는 액세서리
파이프의 펑 하는 소리	나일론 스타킹 소리
샌드백 치는 소리	손톱의 줄질 마무리 소리
침 뱉는 소리	핸드백 딸깍 잠기는 소리
크게 욕하는 소리	출산 소리
벌채용 전동 쇠사슬 톱	재봉틀 소리
착암용 드릴 소리	뜨개질 바늘 소리

21

짧은 과제다. 공원이나 정원에 가자. 귀를 기울인다(눈을 감는 게 좋을 듯하다). 동서남북 모든 방향에서 소리가 하나씩 들려올 때까지 그대로 꼼짝하지 않는다. 각각 어떤 소리가 들려왔는가?

물론 어떤 소리가 들려왔는가는 실제로 중요한 문제는 아니다. 이것은 집중력을 기르기 위한 과제다. 여러분을 자유롭게 해 주는 소리가 들려올 때까지 잠자코 기다린다. 그 사이에 무수한 소리를 듣는다. 이 과제는 혼자 하거나 모둠으로 해도 괜찮지만, 실제로는 누군가와 함께 하는 편이 재미있다.

22

이 과제는 미리 계획을 세워 둘 필요가 있다. 언제든지 해 보기에는 어려울지도 모르겠다. 그러나 쉽게 잊을 수 없는 강렬한 체험이 될 만한 과제이기에 추천하고 싶다. 사람들의 눈을 가리고 낯선 곳에 데려가서, 그곳에서 들려오는 소리를 듣고 그곳을 설명하게 하는 것이다.

이 과제를 위해 선정된 곳을 참가자가 완전히 모르게 하려면 자동차나 버스로 데려가는 게 좋을지도 모른다. 눈을 가린 참가자를 목적지까지 무사히 데려가려면 보조자가 두세 명 필요하다. 물론 목적 장소는 사전에 정해 두어야 한다. 그곳에 도착하면 참가자를 바닥에 앉힌다.

처음부터 정확하게 환경을 파악하기란 어렵다. 그러나 지도자가 적당한 질문을 하면, 그곳의 모습을 귀로 확실하게 **보는 것**이 가능해진다. 그곳에 나무나 풀이 있는지, 깃발이나 터널 등이 있는지 없는지는 바람으로 알 수 있다. 지도자가 몇 군데 다른 방향으로 소리를 지르면 그 반향으로부터 담장이나 다른 장애물 모습을 확실하게 알 수 있다. 작은 물체는 '소리 그림자'를 통해서 알 수 있다. 울타리 벽이나 막대는 두드려 보면 알 수 있다. 바닥 상태는 걸어 보면 알 수 있다. 그렇지만 청각만으로 그려낸 풍경이 그곳 풍경과 결코 정확히 일치하지 않는다. 그러므로 눈가리개를 벗는 순간 항상 놀랄 수밖에 없는 체험이 된다.

23

시각 장애인을 초대해서 어떻게 청각에 의한 단서만으로
걸어 다닐 수 있는지 이야기를 들어 보자.

24

귀는 눈이 미치지 못하는 곳까지 닿는다. 귀는 벽을 뚫고 모퉁이를 돌아서도 볼 수 있다. 무언가 감춰져 있어도 소리를 통해 그 위치나 의미를 알 수 있다. 감춰진 곳에서 나오는 소리, 한 번도 본 적 없는 물체에서 나오는 소리라고 생각하는 모든 소리를 예로 들어 보자.

캐나다 학생들이 만든 예들이 아래에 있다.

　—배수관 물소리

　—지붕 위 다람쥐

　—바람

　—천둥

　—메아리

　—라디오(또는 전화)의 음성

　—극장 프롬프터 소리

　—벽 속의 쥐

　—위장이 꼬르륵거리는 소리

25

앞 과제에서 생각해 낸 소리 중에는 여러분 몸 내부에서 들려오는 소리가 포함되었을지도 모르겠다. 잠시 눈을 감고 여러분 자신의 피부 아래에서 나는 소리에 귀를 기울여 보자.

다음 목록 중 몇 가지나 들려오는가?

— 호흡
— 심장 고동 소리
— 위장 소리
— 들이마시는 소리
— 뼈나 관절이 꺾이는 소리
— 귀 울림

그 외에도 무슨 소리가 들려오는가?

26

소리와 소리를 내는 물체 사이에는 때로 모순이 있다. 한 쪽은 매력적이지만 다른 쪽은 그렇지 않은 경우 말이다. 소리는 매력적이지만 소리의 근원은 시각적으로 매력적이지 못한 것에는 무엇이 있을까?

아래에 캐나다와 미국의 학생들이 작성한 예들이 있다.

— 뚱뚱한 테너 가수의 풍부한 소리

— 오염된 강물이 흐르는 소리

— 흐린 날, 유리창을 두드리는 빗소리

— 개구리

— 올새의 병아리

— 시한폭탄의 째깍째깍 소리

— 수세식 화장실의 물 내려가는 소리

27

이번엔 반대로 해 보자. 보기엔 아름다운 것에서 나오는 매력적이지 못한 소리는 무엇인가?

아래에 몇 가지 예가 있다.

— 잘생긴 남자의 트림 소리

— 고양이의 구슬픈 울음소리

— 콩코드 여객기 소리

— 공작새의 꽥꽥 소리

— 어린아이가 두드리는 피아노 소리

— 새 신발이 삐걱거리는 소리

— 풍선이 터지는 소리

— 크리스털 유리가 깨지는 소리

— 오보에의 째지는 소리

28

볼 수 없을 정도로 먼 거리에서 들려오는 소리를 몇 가지
들어보자.

아래에 예가 있다.

　—늑대 울음소리
　—먼 하늘을 나는 비행기 소리
　—시골길 자동차 소리
　—야외의 록 콘서트 소리
　—기적 소리
　—숲속의 폭포 소리

29

지금까지 해 온 몇 가지 과제는 상상력을 왕성하게 한다.
앞의 과제와 비슷한 한 쌍의 질문이다.

크거나 묵직한 것이 내는, 높고 가는 소리는?
— 돼지 먹따는 소리
— 돌고래의 울음소리
— 트럭의 끼익 하는 브레이크 소리
— 증기 엔진에서 김 빠지는 소리
— 꼬리를 밟힌 아시아 호랑이 소리

작거나 가는 것이 내는, 깊고 중후한 소리는?
— 헤어 드라이기 소리
— 막대기 다이너마이트가 폭발하는 소리
— 클라리넷의 가장 낮은 음

30

손에 삽을 들고 있다고 상상해 보자. 그 삽으로 아래에 적힌 물체를 팔 때 어떤 소리가 날까? 자신의 목소리로 표현해 보자.

— 석탄
— 모래
— 자갈
— 눈

물론 이 소리들을 정확하게 흉내 내는 것은 어렵다. 그러나 적어도 그 울림의 차이를 상상해 보자.

31

잘 아는 소리라 해도 소리의 기억은 믿을 수 없는 경우가 있다. 종이 한 장을 손에 들었다고 상상해 보자. 그 종이를 꾸깃꾸깃하게 뭉치거나 양손으로 종이를 꽉 찌부러뜨렸을 때 진짜 종이라면 어떤 소리가 날 것이다. 그 소리를 목소리로 표현해 보자. 이것을 몇 번이고 반복한다.

여러분은 진짜로 소리를 정확하게 표현했는가?

마지막에 지도자는 진짜 종이를 꺼내 실제로 뭉쳐 본다. 상상했던 울림과 실제로 들린 소리의 차이에 대해 얘기해 보자.

32

이번엔 뭉친 종이를 벽을 향해 던져 보자. 그 소리를 목소리로 표현해 보자. 지도자는 벽을 향해 두세 번, 가공의 공을 던지는 흉내를 낸다. 그러고 나서 모둠 사람들이 함께 그 소리를 내 본다. 소리가 하나라고 할 수는 없다. 매우 복잡한 움직임이기 때문이다.

마지막으로 진짜 종이 뭉치를 던져 본다. 다음과 같은 소리가 들려올 것이다.

 —팔을 올리는 소리
 —종이 뭉치가 손에서 빠져나가는 소리
 —종이 뭉치가 공중에서 바람을 가르는 소리
 —종이 뭉치가 벽에 부딪히는 소리
 —종이 뭉치가 바닥에 떨어져 튀는 소리

전체는 지극히 짧은 시간으로 압축되어 있지만, 던질 때마다 반드시 이 일련의 울림이 들려올 것이다. 내 경험에 따르면, 사람들 대부분이 재현하는 소리는 중력과 기억을 완전히 무시한 채 벽에 달라붙는 소리뿐이다. 이러한 경우를 보면, 소리를 정확하게 기억하는 우리의 힘이 얼마나 약해졌는지를 알 수 있다.

33

이번에는 환경 전체를 상상해 보자. 다음 장소에서 들려올 모든 소리를 목록으로 만들어 보자.

—사무실
—부엌
—공원
—공항

가능한 한 구체적인 소리를 찾아내자. 만일 근처에 이런 장소가 있으면, 모두 그곳으로 가서 실제로 들리는 소리로 두 번째 목록을 만들자. 처음 목록과 무엇이 다른가? 어떤 소리가 빠졌는가?

34

이 과제에서는 모둠 전체가 매우 조용해야 한다. 우선, 사람들에게 눈을 감게 한다. 그러고 나서 다음과 같은 울림을 '귀의 눈'으로 생각해 그려보게 한다. 울림 목록을 읽을 때, 지도자는 사람들이 각각의 울림을 완벽하게 생각할 수 있도록 앞뒤에 충분한 침묵의 시간을 두어야만 한다.(과제를 하는 환경에 따라 목록 중 몇 가지 항목을 바꾸어도 좋다.)

— 탁탁 소리 내며 타는 모닥불
— 천천히 도는 물방아
— 낙엽 쌓인 길의 산책
— 나이아가라 폭포
— 여러 목수들의 망치질
— 교회 종소리
— 새떼
— 노는 아이들

— 바람 없는 날의 분수

"밤이 왔다. 솟아오르는 모든 샘은 이제 더욱 소리 높
여 말한다. 내 영혼도 하나의 솟아오르는 샘물이다."
(니체,『차라투스트라는 이렇게 말했다』, 장희창 옮김,
민음사, 2004)

35

꿈에서 소리를 들은 경험이 있는가? 꿈에서 음악을 들은 적은?

한 소녀가 좋은 화음을 내려고 가족과 합창하는 꿈을 꾼 적이 있다고 말했다. 나 역시 자주 음악에 관한 꿈을 꾼다. 음악 말고 다른 소리에 대한 꿈도 이따금 꾼다.

성서에 나오는 꿈은 대부분 소리가 있다. 신의 목소리는 들려도 결코 그 모습은 볼 수 없기 때문이다. 자신의 꿈속에서 들렸던 음악이 어떤 의미가 있는지를 서로 얘기해 보자.

36

지금까지 과제에서 우리는 소리에 귀를 기울이고 소리를 상상해 왔다. 이번에는 특정의 울림을 찾는, 좀 더 적극적인 과제로 옮겨가 보자. 우선 매우 일반적인 것부터 시작해 보자.

교실에 뭔가 재미있는 소리를 하나 가져올 것!

다음 날, 그 소리를 발표하고 그것에 관해 서로 얘기해 보자. 각자 어떻게 해서 그 소리를 선택했는지, 왜 그 소리가 재미있는지를 설명한다. 모두 그 설명에 대해 어떤 말이라도 의견을 내도록 해야 한다. 처음 가져 온 소리가 그다지 재미있지 않다고 판단될 경우, 다른 소리를 찾아오도록 학생을 돌려보낸 적도 있었다. 그러나 정말로 귀를 잘 기울이면 소리는 거의 대부분 재미있다. 물론 각자 가져온 소리가 사람들 사이에서 정말로 공평하게 들리는지를 확인하는 것은 지도자 책임이다.

37

다음 과제는 아래와 같다.

처음에 가져온 소리와 대조적인 소리를 가져올 것.

만약 처음에 가져온 소리가 예리한 소리라면 부드러운 소리를 찾아오게 한다. 짧은 소리라면 좀 더 긴소리를, 한 차례만 나는 소리라면 반복되는 소리를 찾아온다. 이런 식으로 해서 학생들은 소리의 높이, 길이, 리듬 등 여러 가지 성질을 알 수 있다.

38

순수하게 소리를 찾는 과제를 더 해 보자. 이 과제는 독특한 음질을 명확하게 측정하여 구별하기 위한 것이다.

— 붕붕거리는 소리를 갖고 오기

— 반짝거리는 소리를 갖고 오기

— 쿵쿵거리는 소리를 갖고 오기

— 삐걱거리는 소리를 갖고 오기

— 바스락거리는 소리를 갖고 오기

— 우르릉거리는 소리를 갖고 오기

39

여기까지 해 봤다면, 여러분 주위에 이미 꽤 많은 소리가
모였을 것이다. 그로부터 여러 가지가 가능하다. 예를 들
면, 그 소리들을 다음과 같은 순서로 나열해 보자.

  ─ 가장 큰 소리에서 작은 소리로
  ─ 가장 짧은 소리에서 긴 소리로
  ─ 가장 아름다운 소리에서 추한 소리로

40

특정한 음질의 소리를 찾는 과제를 계속 해 보자.

　— 알맹이 모양의 소리

　— 들쭉날쭉한 소리

　— 거품이 이는 소리

　— 윙윙대는 소리

　— 얄팍한 소리

　— 쭈글쭈글한 소리

　— 예민한 소리

　— 튀는 소리

41

다음 단어를 가장 잘 표현하는 소리를 찾아보자.

― 부딪히다

― 깨뜨리다

― 양치질하다

― 삐걱거리다

― 방울지어 떨어지다

― 철썩 때리다

― 쭈글쭈글하다

― 세게 튀다

42

마지막으로 다음과 같이 매우 섬세하거나 복잡한 과제를
해 보자.

  ― 할퀴는 듯한 울림으로 시작해서 마지막은 종이 울리
    는 것처럼 끝나는 소리를 찾아보자.
  ― 두우웅 하는 낮은 울림으로 시작한 뒤, 높은 소리로 재
    잘거리는 듯한 소리를 찾아보자.
  ― 높아지면서 점점 사라지는 듯한 소리를 찾아보자.

이 과제를 정확히 하려면 많은 소리를 체험한 뒤에 그 소
리들을 분석하고 검토해 두어야 한다. 그러면 틀림없이
꼭 들어맞는 소리를 찾을 수 있다. 이렇게 해서 우리는 사
운드스케이프에 더 적극적으로 참여하게 된다.

43

이제 소리와 형태를 조합하는 과제를 해 보자.

우리는 소리를 본 적이 없다. 따라서 소리가 각각 어떤 형태로 있는지를 알 수 없다. 그러나 몇 가지 소리를 골라 그 소리가 어떻게 보이는지를 그려 보아도 재미있을 것이다.

이 과제는 소리가 울리고 있을 때 바로 하는 게 가장 좋다. 여기에서는 그 울림의 전체 모습을 그릴 시간은 없다. 다만, 그 순간 들리는 소리의 구조, 형태, 리듬 등의 인상을 메모하면 된다.

여러분이 수집한 소리 중 몇 가지를 가지고 이 과제를 해 보자. 그리고 서로 결과를 비교해 보자.

44

소리에 색깔이 있을까?

소리에서 색깔을 느끼는 사람도 있다. 수집한 소리 중 몇 가지를 골라 그 소리들의 색깔에 대해 서로 얘기해 보자. 또한 어떤 소리가 왜 그 색깔인지를 서로 얘기해 보자.

45

다음의 형태나 구조에 맞는 소리를 찾아보자.

소리가 원이 되거나 삼각형이 되는 경우가 있을까?

모둠 학생들에게 녹음된 여러 가지 소리를 들려주었을
때, 전혀 다른 두 가지 소리가 원이 된 적이 있었다. 하나
는 교회 종소리, 다른 하나는 에어컨 소리였다.

각각 좋아하는 소리를 골라서 여러 가지로 얘기를 나눠
보자.

46

이제부터는 자신의 목소리를 사용하는 과제를 해 보자. 우리가 어떤 소리를 정말 정확하게 지각하고 있는가를 보여 주는 유일한 방법은 그 소리를 실제로 내 보는 것이다. 우리는 누구나 들어서 말을 배운다. 그렇지만 입으로 말하기를 통해 그 말을 안다는 것을 보여 줄 수 있다.

문자가 없는 음성 언어 사회에서는 목소리로 소리를 모방하는 것을 금지하거나 억제하는 경우는 거의 없다. 프랑스의 민족음악학자인 마리우스 슈나이더는 『옥스퍼드 신음악사전』(1957)에서 다음과 같이 서술하고 있다.

원주민들이 동물 소리나 자연의 울림을 어떻게 하면 진짜처럼 모방할 수 있는가를 알려면 실제로 그들이 내는 소리 흉내를 들어 보면 된다. 그들에게는 가수가 각각(파도, 바람, 윙윙거리는 나무, 깜짝 놀란 동물의 울음소리 등) 특정한 울림을 흉내 내는 이른바 '자연의 콘서트

(nature concerts)'와 같은 셈이다. 그것은 정말 깜짝 놀랄 만큼 장엄하고 아름다운 콘서트이다.

우리도 자기 목소리를 사용해서 '자연의 콘서트'를 시작해 보자. 여섯 명에서 열 명 정도 모둠이 좋다. 그리고 잘 아는 환경(도시든 시골이든)을 선택해 모둠 사람들 목소리만을 사용해 자연의 소리를 흉내 낸 작은 작품을 간단히 만들어 보자. 준비 시간은 십 분에서 십오 분 정도가 적당하다. 작품이 복잡하지 않아도 괜찮기 때문이다. 모둠은 각자 준비한 작품을 연주하고 서로 작품을 듣는다. 눈을 감고 듣는 것도 좋겠다.

47

'자연의 콘서트'로 연주한 작품을 듣고 비평해 보자. (이 분야에서 우리는 아직 초보자이다. 따라서 비평에서 뭔가를 배우는 게 불가능할 정도로 교만해져서는 안 된다.)

어떤 작품이 좋았는가? 왜 좋았는가?

매우 능숙하게 모방한 소리가 있으면 그 연주자에게 갈 채를 보내라. 특별히 이해하기 어렵다거나 그다지 주의 깊게 준비되지 않은 소리가 있다면 설득력이 떨어질 것 이다.

특정한 작은 새의 울음소리, 개구리 울음소리, 또는 자전 거나 기적 소리 등을 더 능숙하게 모방할 수 있는 사람은 또 누가 있을까?

이런 과제들로 모둠 전원이 몰두해 보자.

48

각 모둠이 연주했던 '자연의 콘서트' 중 어느 하나를 골라 보자. 이 곡을 다른 모둠에게 가르칠 수 있을까?

이렇게 해 보자. 우선, 첫 모둠의 연주를 같은 수의 사람들이 듣는다. 듣는 사람은 각자 처음 모둠의 연주자 한 사람씩에게 특별 지도를 받기로 한다. 다음에 두 번째 모둠이 그 작품을 연주한다.

다른 과제와 마찬가지로 이 과제도 몇 번이나 반복할 수 있다. 다른 날에 다시 해 보는 것도 좋다. 그러면 처음엔 불가능하다고 생각했던 일이 차차 가능해진다.

음악 연주도 결국 대부분 이전에 했던 연주의 모방이다. 우리 작품은 엄밀하게 말하면 음악이 아닐지도 모른다. 그러나 훈련에는 음악과 같은 방법을 사용할 수 있다.

49

어떻게 해서 언어가 시작됐는지는 아무도 확실히 모른다. 그러나 한 가지 설에 따르면, 언어는 우리를 둘러싼 소리의 세계, 즉 사운드스케이프의 메아리로 생겼다고 한다. 이른바 흉내 소리[擬音] 기원설이다.

현대 언어에는 소리의 질을 표현하는 다양하고 다채로운 말이 있다. 이런 흉내말(擬音語)을 확장하는 방향으로 여러 가지 과제를 만들어 낼 수 있다. 우선은 개념이나 사물을 소리로 표현하는 것 같은 단어를 단순하게 배열해 보는 것도 좋을 듯하다. 그러나 내가 좋아하는 과제는 흉내말의 성질을 지닌 듯한, 자기만의 새로운 단어를 만들어 내는 것이다.

다음을 표현할 새로운 단어를 몇 가지 만들어 보자.

　—종

— 재채기
— 폭탄의 폭발
— 고양이가 가르랑거리는 소리
— 달빛

예를 들면, '달빛(moonlight)'을 표현하는 말로 열한 살짜리 아이들이 만든 단어로 다음과 같은 것이 있다.

— 누유율(Nuyuyul)
— 누우르왐(Noorwahm)
— 마우클린데(Maunklinde)
— 말루우마(Malooma)
— 셰엘레스크(Sheelesk)
— 루니우스(Lunious)
— 쇼풀프(Shofulp)

— 시버글로와(Shiverglowa)

— 시모노엘(Simonoell)

— 네시무우어(Neshmoor)

50

여러 가지로 모습을 바꿀 수 있는 물도 단어 만들기의 훌륭한 재료가 된다. 모둠의 한 사람 한 사람이 낙숫물, 작은 시냇물, 폭포, 강, 파도 등 물의 상태를 선택해 이를 표현하는 단어를 만들어 보자.

학생들이 만든 단어에는 다음과 같은 것이 있다.

빗방울

플리터통크(plittertonk), 피들립(piddlip), 슈플롯(shplot), 딜리펫(dilippett), 플립(plip), 피들레딩크(piddledink), 티케티타케티(tickety-takety), 틸리리풀라(tiliripula), 팃티피니(tittipini), 스플러츠더프(splertsderp), 보펠(boppel), 풀리시(pulish)

작은 시냇물

거글레우(gurglewoo), 블리블리부프(blibliboop), 버블

79

레렛(bubblelet), 스팽클스픽클(spankle-spickle), 슐리머링엔(schlimeringen), 비블구싱(bibble-gooshing), 트링클트립(trinkle-trip), 블라벨리셔스(blabelicious), 블로벨릿츠(blubelits), 플리플리플리시(pli-pli-plish)

폭포

클래스피샤시(claspy-shash), 후우시(hwoosh), 슈카스위시키시(shooka-swish-kish), 기이시산(geeshisan), 하룸푸시(haroompush), 플리머리(flimmery), 렛첸스플래츠(retzensplats), 섬머스플리시(thummersplish), 스페스탤래시(spestalash), 잠만다샤아(zammandassah)

강

글루바머크(glubamurk), 험퍼(hummfer), 부와시(bu-wash), 무플루운(moofloon), 플라흘(flahl), 무버루우머(mooveroomer), 모리안데블루우(moriandevlou), 드럼

그라센와스위(drumgrassenwasswe), 라마나사와리(la-manassawary), 무울라(muwolla)

파도

우숌(wooshom), 크레샤바(kreshawa), 롤러럼스(rol-lorums), 라마나시(ramanash), 아슈시(ah-shoosh), 와발리시이(wavallisee), 와아벤우우시(wahvenwoosh), 아리드미온(arythmion), 위셔위크(wisherwick), 스위슬레수아시(swishle-suash)

예전에 나는 빗방울 소리에서 바다의 파도 소리에 이르기까지 모습을 바꿔 가는 물의 울림을 모방한「미네완카(Minnewanka)」라는 합창곡을 만든 적이 있다. 그러나 지금 새로운 흉내말의 목록을 손에 넣었으므로, 여러분을 비롯해 누구라도 이런 곡을 만들 수 있다.

이 단어들이 표현하는 물의 상태를 상상하면서 흉내 내듯 각 단어를 발음해 보자. 모둠 전원이 소리를 맞추어 낙숫물을 표현하는 단어를 빠르게 합창해 보자. 같은 방법으로, 시냇물을 표현하는 단어는 물살에 거품이 일듯이, 폭포를 표현하는 단어는 물이 떨어지듯이 세차게, 강을 표현하는 단어는 꾸불꾸불 구부러지듯이, 또 파도를 표현하는 단어는 바다가 울려 퍼지듯 합창해 보자. 그 단어가 환기하는 에너지나 감정이 강해질수록 전체는 더 음악적으로 된다. 마지막으로 기존의 내 합창곡과 비교해 보는 것도 좋을 듯하다.

51

대부분의 언어에는 친근한 동물들이 내는 소리를 표현하는 의성어가 있다. 예를 들어보자.

고양이 소리
영어 : 퍼퍼(purr-purr)

불어 : 롱롱(ron-ron)

독일어 : 슈너슈너(schnurr-schnurr)

꿀벌 소리
영어 : 버즈(buzz)

아랍어 : 주즈주즈(zuz-zuz)

일본어 : 붐분(bum-bun)

베트남어 : 부부(vu-vu)

개나 양, 귀뚜라미 등 여러 동물들이 내는 소리는 여러분이 사용하는 언어로 어떤 소리인가? 단어는 왜 각각 다를까? 문화에 따라 동물 소리를 듣는 법이 다른 것일까? 아니면 인간이 각각 다른 언어로 말하듯이 세계의 새나 동물, 곤충도 실제로 다른 언어나 방언으로 우는 것일까?

52

자기 이름을 바꾸고 싶다고 생각하는 사람이 있을까?

모두 자신에게 새로운 이름을 지어 주고, 한 사람씩 나와 그 이름에 신비로운 힘을 불어넣으면서 큰 소리로 발음해 보자. 가장 멋진 이름은 어느 것인가? 가장 많이 변화한 이름은 무엇인가? 가장 무서운 이름은 어느 것인가? 여러분은 다른 사람에게 새로운 이름으로 불려도 괜찮은가? 친구들이나 아직 만난 적이 없는 사람들에게 자신을 알리려면 더 특별한 이름이 낫지 않을까?

낯선 사람들에게 닉네임 등 새로운 이름으로 불리는 게 좋지 않다는 사회는 많다. 서양에서 사람 이름 앞에 미스터(Mr.)나 미세스(Mrs.)라는 호칭을 붙이는 것도 사람과 사람 사이에 사회적 거리를 두기 위한 것이었다. 진짜 이름을 소리로 말하면, 이름이 입에서 나와 어딘가로 날아가 없어져 버리는 게 아닐까 하는 공포 때문에 진짜 이름을 발음하는 것을 금기시하는 지역도 있다.(놀랍게도 많은 지역에서는 지금까지도 이를 금기시하고 있다.)

여러분 이름을 진정으로 소유하는 사람은 누구일까?

여러분이 이름을 소리 내면, 이름은 여러분의 것이다. 다른 사람이 여러분을 그 이름으로 부르면, 이름은 그 사람의 이름이 된다. 이것은 철학의 근본적 논의와도 관련되어 있다.

53

'이름 놀이'를 하나 더 해 보자.

모두가 둥글게 원을 만들어 선 다음 한 사람이 한가운데
로 가서 선다. 둘러싼 사람들이 한 사람씩, 가능한 한 풍
부한 상상력을 발휘해서 그 사람 이름을 마음을 담아 부
른다.

노래 부르듯, 속삭이듯, 중얼거리듯, 울듯, 신음하듯, 푸
념하듯, 외치듯…….

방법은 자유다. 한가운데 있던 사람이 가장 풍부한 상상
력을 발휘해서 이름을 불러 준 사람을 고른다. 이번에는
그 사람이 한가운데로 가서 놀이를 계속한다.

54

'이름 놀이'를 하다 보면, 모두가 포복절도하는 경우가 있을 수 있다. 그러면 이번에는 웃음을 주제로 해 보자.

웃음만큼 그 사람 성격을 그대로 표현해 주는 것은 없다. 웃음은 사람 그 자체인 것이다. 다른 사람의 웃음소리를 흉내 내는 것은 거의 불가능하다. 한 번 해 보라.

웃음을 자아낼 정도로 우스운 일이 없을 때, 웃음소리는 부자연스럽고 공허한 것이 된다. 농담을 내뱉으면 웃음은 분수처럼 솟아난다. 자연스럽게 웃으면서 자신의 웃음소리를 분명히 들을 수 있을까?

다음에 이어지는 몇 가지 과제를 하면서 웃음이 터지는지 시도해 보자.

55

목소리의 억양에 집중하려면 단어의 의미를 억양으로부터 분리하는 게 좋다.

이 과제에 필요한 것은 텍스트뿐이다. 책이든, 신문이든 상관없다. 어떤 것이든 괜찮으니까 아무 데나 펼쳐 들고 거기 있는 단어를 고른 다음, 아래 역할을 각각 흉내 내면서 목소리의 어조를 바꾸어 말해 보자.

— 군사령관
— 오페라 가수
— 디스크자키
— 세 살짜리 아이
— 곰
— 여든 살 노인
— 말더듬이
— 바보
— 사자

56

러시아의 연출가 스타니슬라프스키는 배우가 한 단어를
마흔 가지 해석으로 말할 수 있기 전까지는 그를 무대에
올리지 않았다고 한다. 앞의 과제와 마찬가지로 텍스트
를 사용해서 다음 소리를 내 보자.

   — 아름다운 꽃의 소리

   — 달리는 사람의 소리

   — 기관총 소리

   — 사이렌 소리

   — 아기 소리

   — 뱀의 소리

   — 죽어가는 사람의 소리

57

표현력은 모방을 통해 길러진다. 음악가는 이 사실을 잘 알기에 몇 시간에 걸쳐 모범으로 삼은 음악 소리를 흉내 낸다. 그러나 실제로는 어떤 소리라도 모방 대상이 된다.

나는 대나무 차임벨 한 쌍을 교실에 갖고 가서 학생들에게 자기 목소리로 그 울림에 최대한 가까운 소리를 내보라고 했다. 학생들은 먼저 차임벨에서 나는 소리에 귀 기울이고, 잠시 생각한 후에 그 울림을 재현하려고 했다. 이 까다로운 소리의 모든 요소를 파악할 때까지, 귀를 기울여 한 번 듣고 목소리로 한 번 재현하고, 다시 귀를 기울여 듣고 또다시 목소리로 재현하는 일을 반복했다.

같은 일을 다른 음원을 사용해서 해 볼 수도 있다. 예를 들면, 자명종, 장난감, 빗자루로 바닥을 쓰는 소리, 유아용 딸랑이 등은 어떨까?

어쨌든 가장 중요한 것은 할 수 있는 한 비슷한 소리가 나올 때까지 귀 기울이기와 모방하기를 반복하는 일이다.

58

목소리로 모든 소리를 효과적으로 재현할 수는 없다. 그렇지만 훈련을 통해 목소리도 놀랄 만큼 재현력이 생길 수 있다.

나는 가끔씩 두 가지 소리가 얼마나 효과적으로 서로 모방할 수 있는지 시도해 보곤 한다. 예를 들면, 두 사람이 어느 쪽이 냈는지 구별할 수 없을 정도로 비슷한 소리를 낼 수 있을까?

두 사람이 같은 단어를 교대로 발음하면서 한 사람이 다른 사람 음색을 할 수 있는 한 가깝게 흉내 내게 하자. 두 사람은 같은 단어를 반복하면서 연습하고, 나머지 사람들은 눈을 감고 첫 번째 사람의 목소리라고 생각하면 손을 들도록 하자. 순서를 계속 바꿔 가면서 잘 속여 보자. 예전에 나는 모두가 착각에 빠지는 것을 본 적도 있다.

59

어떻게 해도 비슷하게 낼 수 없는 소리 중 하나가 박수 소리다.

한 사람에게 박수를 치라고 한 다음, 곧이어 다른 사람이 박수치게 해 보자. 매우 간단한 울림이지만, 오히려 그런 까닭에 거의 재현하기 어렵다. 자기 박수조차 같은 소리로 두 번 내는 것은 어쩌면 불가능할 것이다. 한 번 시도해 보자.

세상에는 가장 단순한 것이 이상하게도 가장 많은 수수께끼를 숨기고 있다.

나는 『말이 노래할 때』라는 책에서 여러 가지 소리를 위한 과제를 제시한 바 있다. 여기에서는 그중에서도 특히 재미있었던 것을 소개해 보고 싶다.

누구나 아는 이야기를 **말을 사용하지 않고 소리만으로** 이야기하는 과제이다. 이야기에 사용되는 소리는 목소리여도 괜찮고 신체를 사용한 소리여도 좋다.

사람들을 몇 개의 모둠으로 나누고, 각 모둠마다 이야기 하나를 선택하도록 한다. 여러 가지 소리가 나오는 이야기 또 어떤 이야기인지 모두 알기 쉬운 것을 고른다. 옛날이야기도 좋고, 뉴스에서 따온 최근 일도 좋다. 성서에도 이런 과제에 어울리는 음향적인 이야기가 많이 있다.

각 모둠끼리 연습을 한 다음 모두 모여서 상연해 보자. 다른 사람들이 어떤 이야기인지 이해했다면 훌륭한 발표인 셈이다. 이해하지 못했다면…… 다른 이야기를 해 보는 것도 좋을 것이다.

비교적 잘 된 이야기로는 다음과 같은 것이 있다.

　　— 늑대와 아기 돼지 삼형제
　　— 노아의 방주
　　— 헨젤과 그레텔
　　— 라푼젤
　　— 예수 탄생 이야기
　　— 골디락스와 곰 세 마리
　　— 브레멘 음악대
　　— 개구리 왕자
　　— 잭과 콩나무

이야기 발표 후, 공연에 대해 서로 얘기해 보자. 어떤 이
야기라도 몇 번에 걸쳐 반복하는 사이에 능숙해진다.

61

어떤 소리를 알면 알수록, 그 소리는 조금씩 변화해 간다.
전혀 새로운 뜻밖의 의미가 생기는 경우도 있다.

단어 하나를 선택한다. 예를 들면, '동물(animal)'이라는
단어를 골라 보자. 이 단어를 몇 분간 몇 번씩 주문처럼
반복해 보자. 어떤 지점에 이르면 그 단어에 붙은 모든 의
미가 사라져 버린다. 의미 없는 음향체가 되어서, 마치 공
중에서 아른거리는 듯한 느낌이 된다. 물론 그러려면 충
분한 시간을 두고 단어를 반복해야 한다. 모둠 전원이 눈
을 감고 천천히 "animal…… animal…… animal……"이
라고 반복해 보자.

이와 관련해서 갑자기 존 케이지의 일화 하나가 떠오른
다. 어느 날, 존 케이지가 사람들 앞에서 징을 치기 시작
했다. 삼십 분 정도 지났을 때 누군가 말했다.

"그만해! 미칠 것 같아!"

그래서 케이지는 징을 치는 것을 멈췄다. 그러자 다른 사람이 말했다.

"왜 그만두는 겁니까? 막 재밌어지기 시작하던 참인데……."

62

어떤 소리가 다른 것으로 변화해서 새로운 의미를 띠는 경우 중 하나로, '환청'이 있다. 환청의 세계는 아직 많이 탐구되지 않았지만, 명상 훈련 도중과 같은 경우에 환청이 일어나기 쉽다고 알려져 있다.

레오나르도 다빈치는 "종소리가 한 번 울릴 때마다 상상할 수 있는 모든 말이 들려온다"라고 적었다. 파도나 폭포 또는 소라 껍데기 등에서 나는 소리는 마치 그 뒤편 어딘가 심오한 곳에서 여러 외침 소리가 가득한 것처럼 신비로운 울림이 된다. 이것이 첫 번째 종류의 환청이다.

더 특별한 종류의 환청도 있다. 어디에서 오는지 모르는 소리를 들을 때, 예를 들면 도깨비 소리를 들을 때 같은 환청 말이다. 이 소리에 대한 합리적 설명은 있을 수 없다. 각자가 체험했던 환청에 대해 서로 얘기해 보자.

첫 번째 종류의 환청으로 미국 학생들이 보고한 것은 다음과 같다.

— 커피 주전자가 달그락달그락 하는 소리에서 태곳적 의식을 들었다.
— 침대에 누워 있을 때 베갯속 소리가 조용한 중얼거림처럼 들려온 적이 있다.
— 전화기가 없는 데도 샤워를 하다 보면 전화벨 소리가 들려온다.
— 비행기나 기차를 타면, 그 끊임없는 진동에서 대중가요의 후렴이 들려오는 경우가 있다.
— 드럼 연습을 할 때 엄마가 계단 아래에서 소리치는, 또는 전화벨 소리가 들리는 것 같다.

두 번째 종류의 환청에는 다음과 같은 것이 있다.

— 뉴욕 주 북부의 시골에 살 때, 작은 소리가 나에게 말을 걸어오는 것을 자주 들었다. 나는 그 소리가 무서웠다. 어디에서 들려오는지 전혀 알 수 없었다. 여러 아이들 소리였지만, 내가 사는 곳에 아이들은 없었다.

— 아는 사람이 나에게 속삭이는 소리가 들리는 듯한 기분이 들었다. 그렇지만 그때 그 사람은 백 킬로미터나 떨어진 곳에 있었다.

— 너무 바쁘고 긴 하루가 끝나서 막 잠들려고 하는데, 여러 가지 소리가 동시에 나에게 말을 걸어왔다. 굉장히 빠른 말투로 이야기했는데, 사람들이 바로 귓전에 있는 것 같았다. 뭐라고 말하는지는 이해할 수 없었으나 확실하게 들은 소리이다.

환청에 관한 이야기를 끝내기 전에 종에 얽힌 이야기를 하나 더 해 보자.

오렌지스레몬스, 성 클레멘트의 종이 말하네. 유오우미 스리파싱스 성 마틴의 종이 말하네.

(소리를 중심으로 번역하면 이와 같이 되나, 뜻을 중심으로 번역하면 "오렌지와 레몬이여, 성 클레멘트의 종이 말하네. 그댄 내게 서 푼의 빚을 졌지."(정회성 옮김, 민음사, 2003, 140쪽))

이 구절은 조지 오웰의 소설 『1984년』에 나온다. 주인공은 이 소리에 대해 다음과 같이 말한다.

아무리 생각해도 기이한 일이었다. 그런데 가만히 가사를 흥얼거리노라면 종소리가 실제로 들리는 듯한 착각이 들었다. 어딘가에 아직 남아 있겠지만, 숨겨지고 잊히고 사라져 버린 런던의 종소리가……

63

소리의 역설이 있다. 그리스의 철학자 제논은 그중에서
도 가장 많이 변화하는 것 중 하나를 끄집어낸다.

곡식의 낟알 하나가 바닥에 떨어질 때, 어떤 독특한 소리
가 난다. 그렇지만 그 낟알로 가득 찬 자루를 바닥에 떨어
뜨렸을 때 나는 소리는 낟알 하나하나가 내는 소리를 모
두 합친 소리와는 다르다. 두 소리는 전혀 다른 울림이고,
심지어 아무 연관도 없는 소리처럼 여겨진다.

이와 같이 어떤 소리들을 합쳤을 때의 울림이 각각의 소
리와 전혀 다른 소리가 되는 예로 생각나는 게 있는가?

소리의 역설을 하나 더 살펴보자. 두 물체가 서로 부딪쳐
도 소리는 하나밖에 나지 않는다. 공이 벽에 부딪힌다. 펜
을 바닥에 떨어뜨린다. 책상을 가볍게 발로 찬다. 이 모든
경우에 나오는 소리는 하나다. '1+1=1'의 경우라고 해도

되겠지만, 이는 수학적으로 전혀 맞지 않는다. 전혀 비논리적이지만 동시에 완벽한 자연이다.

64

그리스 철학자들은 소리에 강한 흥미를 품었다. 그들의 흥미는 단순히 사색적인 것이 아닌 체험적인 것이었다. 그들은 실제로 귀를 움직였다.

『난제들』에 기록된 아리스토텔레스의 다음 질문에서도 이를 잘 알 수 있다.

— 왜 밤이 되면 소리가 잘 들리는가?

— 왜 새로 회를 바른 집의 울림이 좋아지는가?

— 왜 같은 물병에서 쏟아져도 찬물은 뜨거운 물에 비해 된소리가 나는가?

— 왜 소금을 불에 지피면 소리가 나는가?

— 왜 하품을 할 때 소리가 잘 들리지 않는가?

— 왜 집 안에서 바깥 소리를 듣는 것이 바깥에서 집 안의 소리를 듣는 것보다 쉬운가?

— 왜 혼자서 어떤 소리를 내고, 동시에 몇 사람이 같은

소리를 내도, 그 전체의 소리가 사람들 수만큼 멀리까지 닿지 않는가?

아리스토텔레스의 질문에 나오는 현상들은 쉽게 재현해서 시도해 볼 수 있다. 예를 들면, 더운물과 찬물에 대한 질문을 실제로 해 보자.

현대 과학은 이러한 현상에 대해 고대 그리스 사람보다 더 잘 설명할 수 있을지 모른다. 그러나 환경을 알기 위해 자신들의 감각을 실제로 사용하는 습관이야말로 고대 그리스 사람들이 지녔던 사고방식의 특징이고, 이는 진정으로 이 책에서 우리가 주제로 삼는 것이다.

65

현대의 문명사회에서 소리는 과학의 한 영역으로 편입되어 버렸다. 그 탓에 소리는 여러 가지 감정이나 기억을 북돋우는 힘을 대부분 잃어버렸다. 예를 들면, 초등학교 고학년 정도라면 누구나 메아리를 과학적으로 설명할 수 있다. 그렇지만 자기 목소리가 다시 되돌아오는 것을 들을 때 느끼는 기쁨은 오히려 마법에 가깝게 여겨진다.

옛날에는 이상한 반향이나 잔향이 들리는 곳은 곧잘 성스러운 장소가 되었다.

이란 이스파한에 있는 압바스 왕의 모스크를 방문했을 때를 나는 잊을 수 없다. 모스크 중앙의 둥근 지붕 바로 밑에 서면 메아리가 일곱 가지나 들려온다. 그렇지만 그 중심에서 어느 방향으로든지 조금만 벗어나도, 메아리는 전혀 들리지 않았다.

포물선 모양의 지붕이 딸린 건물에서는 중얼거리는 작은 소리가 멀리까지 닿는 등 이상한 음향 효과가 생기는 경우가 많다. 이 현상을 현대의 지하철역이나 다리 아래 등에서도 들을 수 있다. 잘 닦인 표면을 갖춘 지붕 아래 공간에서는 소리가 이상하게 오랫동안 울린다. 바람이 잘 통하는 계단에서는 오랫동안 잔향이 남는 경우가 많다.

어떤 환경이 소리를 바꿔 버리는 장소, 게다가 보통과 다른 형태로 소리가 변화하는 것 같은 장소를 찾아보자. 예를 들면, 과하게 장식된 현대의 실내 공간에서 소리가 강해지거나 반대로 약해지는 장소는 어디일까? 이러한 활동을 통해 원하는 음향 효과를 만들어 내도록 환경을 정비하려면 어떻게 하면 좋을까를 배워 보자.

지금까지 나는 한 번도 녹음기기를 사용하지 않았다. 기본적으로 사운드 에듀케이션(sound education)은 녹음기기 없이도 할 수 있기 때문이고, 또 녹음기기를 언제든지 이용할 수 있는 것만은 아니기 때문이다.

카메라가 그림에 제약을 주는 것과 마찬가지로, 녹음기기는 소리에 제약을 준다. 사진을 찍을 때 정확히 겨눈 피사체를 가능하면 중앙에다 놓고 찍으려는 것과 마찬가지로, 녹음을 할 때에는 대상으로 하는 소리를 다른 방해물이 없도록 확실히 포착해 녹음하도록 해야 한다. 첫 번째 과제로는 다음과 같은 대상 중 하나를 녹음하는 게 좋다.

　　— 통과하는 기차
　　— 교회 종
　　— 공장 사이렌

이때 사운드스케이프의 파노라마 전체를 녹음하지 않는 것, 특정한 소리를 선택해 그 소리만을 녹음하는 것, 그밖에 마음에 두지 않은 소음과 섞이지 않도록 하는 것은 생각보다 훨씬 어려운 작업이다.

67

사운드스케이프에서 사라져 간다고 생각되는 소리를 하나 골라 보자. 그 소리를 박물관 컬렉션을 위해 보존할 의도로 주의 깊게 녹음해 보자. 그 소리가 매우 귀중하지만 잃어버린 소리의 유일한 표본이 될지도 모른다고 상상해 보자.

여러분은 그 소리에 어떤 정보를 첨가하고 싶은가? 녹음한 시간과 장소, 녹음된 소리의 역사, 기원 등등. 어쨌든 나중에 참고하기 위해 녹음 소재에 대한 목록을 만드는 습관을 기르는 것도 좋다.

68

이번에는 녹음을 위해 하나의 소리 유형을 선택한 후, 다양하게 변형되는 여러 소리들을 실제로 모아 보자. 이 과제에 어울리는 소리 유형에는 다음과 같은 것이 있다.

— 문짝
— 대문
— 자동차 경적
— 전기 청소기

이 과제를 하는 것은 특정 유형의 소리에 속하는 여러 소리들을 연구하는 소리 유형학(sound morphology)에 입문하는 것이다.

주위 환경이 소리에 미치는 영향을 알려면, 똑같은 텍스트를 똑같은 목소리로 열 곳 이상 다른 장소에서 녹음하고 그 결과를 비교해 보자.

이 과제는 여러 가지 형태로 할 수 있다. 예를 들면, 다양한 노면(나무 바닥, 쌓인 나뭇잎, 자갈, 눈 등)을 걸으면서 자신의 발소리를 녹음해 보자.

이와 같이 녹음기기를 쓰는 과제는 주제를 가능한 한 압축해서 구체적으로 해야만 한다. 또한 결과는 녹음한 소리가 얼마만큼 명료한가에 따라 판단해야 한다. 어쨌든 녹음이란 특별한 훈련이 필요하고, 정확히 녹음하려면 누구나 이용할 수 있는 기기가 아니라 매우 값비싼 기자재가 필요하다. 값싼 기자재를 쓰면, 특히 마이크가 문제지만, 만족보다 불만을 느끼는 경우가 많다. 따라서 녹음기기를 사용하는 활동은 이쯤으로 하고, 귀를 다시 우리의 마이크로폰으로 하고 싶다.

70

여러분에게 정숙이란 무엇을 뜻하는가? **'정숙은······'**으로 시작하는 문장을 자기 마음대로 완성해 보자.

먼저, 아이들의 대답을 보자.

— 정숙이란 입 다무는 것.
— 정숙이란 생각하는 것.
— 정숙이란 공상에 빠지는 것.
— 정숙이란 자는 것.
— 정숙이란 선생님이 안 계실 때 모두 떠들고 싶어도 떠들지 못하는 것.
— 정숙이란 어두운 것.
— 정숙이란 방과 후에 남는 것.
— 정숙이란 몰두하는 것.
— 정숙이란 공부하는 것.
— 정숙이란 비밀을 지키는 것.

— 정숙이란 무성영화를 보는 것.

— 정숙이란 무서운 것.

다음으로 어른이 만든 예를 보자.

— 정숙이란 마음의 어떤 상태에 불과하다.

— 정숙이란 자유나 평화와 같이 받아들이기 어렵다.

— 정숙이란 불가능하다.

— 정숙이란 의식을 잃든지 죽는 것이다.

— 정숙이란 평안하다.

— 정숙이란 지루하다.

— 정숙이란 세 시간 동안 록음악을 들은 후에 찾아오는
  것이다.

— 정숙이란 고독, 무서울 정도의 고독이다.

— 정숙이란 공백이다.

— 정숙이란 귓속에서 울리는 소리밖에 들리지 않을 때

이다.

— 정숙이란 극도로 불안할 때 의식하는 것이다.

어른 쪽이 아이보다 정숙에 대해 더 불안해하는 것을 알수 있다. 이 답은 모두 북미 지역 사람들 것이다. 다른 문화는 정숙에 관해서 더 긍정적 가치를 보여 줄까?

71

정숙의 본질에 도달하기 위하여 단순한 과제를 몇 가지
해 보자. 우선 처음으로 해 볼 것은 아래와 같다.

소리를 하나도 내지 말고, 일어섰다가 다시 앉아라.

우연히 (가령, 옷이 스치거나, 마루가 삐걱거리거나, 관절
이 울리거나 해서) 무엇이라도 소리가 났다면, 그 소리를
낸 사람은 그 순간 움직임을 멈추고, 왜 그 소리가 났는지
분석하고 나서 다시 시도해야 한다. 아마도 가장 느리게
움직인 사람이 성공할 것이다.

72

앞 과제는 이렇게 할 수도 있다.

> 방 안에 움직일 수 있는 의자가 있다면, 소리를 하나도 내
> 지 말고, 자기 의자를 방에서 바깥으로 옮겼다가 다시 되
> 돌려 놓아라.

내 경험에 따르면, 이 과제를 효과적으로 하려면 십오 분
또는 그 이상의 시간이 걸린다. 이 과제들은 특히 소란스
러운 모둠에게 권하고 싶다. 그들이 완전히 집중해서 이
과제를 하는 건 상당한 볼거리이다.

73

과제를 하나 더 해 보자. 이는 또 다른 변형이다.

일절 소리 내지 말고 종이 한 장을 방 안에서 손에서 손으로 모두에게 전달해 보자.

이 과제는 과연 가능할까? 손에서 손으로 전달할 때, 희미하게나마 종이에 닿는 피아니시모의 희미한 울림이 들려오지는 않을까?

74

이번엔 그 종이를 악기로 삼아서 해 보자.

종이 한 장에서 얼마만큼 많은 소리를 만들어 낼 수 있을까? 가볍게 두드린다. 펄럭거리게 한다. 떨리게 한다. 찢는다. 몹시 구긴다. 뭉친다. 찌부러뜨린다.

종이 한 장을 교실에 돌리면서, 한 사람씩 앞사람과 다른 소리를 내보자. 이러면 과제는 조금 더 어려워지고 사람들에게는 더 풍부한 상상력이 요구된다.

75

귀의 기억력을 훈련하기 위해 여러 과제를 할 수 있다. 지금부터 그중 두세 가지를 해 보자. 하다 보면 모두에게 여러 가지 생각이 떠오를 것이다.

우선, 모두 눈을 감는다. 지도자가 어깨를 두드리면 그 사람은 자기 이름을 소리 내어 말한다. 여섯 정도 이름을 말했을 즈음, 지도자는 다시 그 사람들 이름을 순서를 바꾸어 부른다. 그러면 그 소리에 맞춰 모둠 사람들은 그 사람이 있는 방향을 가리킨다. 모두 익숙해지면 좀 더 사람 수를 늘려서, 예를 들면 스무 명 정도로 다시 해 보자. (교실 의자가 평소처럼 배치되어 있다면, 시작하기 전에 흐트러뜨려야 하는 것은 말할 필요도 없다. 이 과제는 귀로만 해야 하니까!)

76

사람들에게 각각 어떤 단어나 어구를 한마디씩 준다.

약간 시간을 두고 그 단어나 어구를 반복하도록 해 보자.

그날 중, 또는 다음날, 아니면 열흘 뒤…… 그 단어나 어구를 반복하도록 해 보자.

77

음악으로도 똑같은 과제를 할 수 있다.

예를 들면, 어떤 소리의 높이를 여러분은 어느 정도 느낄 수 있는가? 수업 말고 다른 작업을 할 때, 모둠 사람들에게 어떤 일정한 소리를 생각하게 한 후 이삼 분마다 한 차례씩 노래를 시켜보자. 그런 뒤 점점 그 간격을 넓혀간다. 오 분, 십 분, 이십 분…… 여러분은 그 소리의 높이를 느낄 수 있는가?

오래전, 포르투갈의 음악 교사들에게 각자 소리 하나씩을 주고, 그 소리를 하룻밤 집에 가져가서 다음 날 다시 가져오게 했다. 물론 나 자신도 그 과제를 해야 했다. 나는 호텔로 돌아오는 길에, 또 저녁을 먹는 동안에도 그 소리를 쭉 허밍했다. 레스토랑 안에서도 허밍을 계속했는데, 맛있는 생선 요리를 먹다가 나는 그 소리를 잊어버렸다는 걸 문득 깨달았다. 부랴부랴 저녁 식사를 마치고 나서 생각해 내려고 노력해 봤지만…… 성대의 긴장감으로 어느 정도 높이는 감지할 수 있지만, 그걸로 과연 확실히 소리의 높이를 감지할 수 있을까?

다음 날 아침, 반 전원에게 집에 가져갔던 소리를 노래해 보라고 했다. 결과는 완전히 반음계의 울림이었다.

78

사운드스케이프는 끊임없이 변화한다. 오래된 소리는 항상 사라져 간다.(그 소리들의 박물관은 어디에 있을까?)

어렸을 때에는 들었던 소리인데, 지금은 들을 수 없는 소리를 여러분은 어느 정도 기억하는가?

다음은 1970년부터 1980년 사이 북미 학생들의 소리에 관한 기억이다.

　　— 벨 달린 낡은 현금용 금전 등록기 소리
　　— 오래된 세탁기의 탈수 소리
　　— 빨래판에서 옷 빠는 소리
　　— 버터를 섞어서 만드는 소리
　　— 수동식 펌프 소리
　　— 도르래 빨랫줄 소리
　　— 면도날을 가죽 띠에 벼리는 소리
　　— 만년필에 잉크 넣는 소리

— 타이프라이터의 리턴 종소리

— 학교에서 손으로 울리는 종소리

— 수녀가 묵주 목걸이를 딸깍딸깍 울리는 소리

— 교회의 라틴어 읊는 소리

— 수동식 잔디 깎는 기계 소리

— 그래닛웨어(화강암 무늬의 도기) 소리

— 지지직거리는 낡은 78회전 축음기 음반 소리

— 저울에 추 놓는 소리

— 손으로 돌리는 커피 그라인더 소리

— 유리 우유병의 땡그랑 소리

— 발로 밟는 재봉틀 소리

— 나무 물통에 물 붓는 소리

— 썰매 종소리

— 낫으로 풀 베는 소리

— 나무 바닥 위의 흔들의자 소리

— 행상인의 외침 소리

— 물레 소리

— 자전거 종소리

— 오래된 카메라의 플래시 터지는 조용한 폭발음

— 자갈길 위를 말이 걷는 소리

— 크랭크가 도는 자동차 소리

— 증기기관차 소리

— 손목시계의 똑딱똑딱 소리

— 아이들의 구슬 놀이 소리

— 수동식 달걀 젓는 기구 소리

— 손으로 돌리는 전화기 소리

이런 목록을 모두 앞에서 읽어 보자. 그중 몇 가지는 오늘날 어딘가에서 아직 들을 수 있지만, 여러분 주변에서는 어느새 들을 수 없는 소리일지도 모르겠다. 이 과제를 통해 재미있는 논의가 가능할 것이다. 또 모두 사운드스케이프의 변화에 관해 생각해 보는 좋은 기회가 될 수 있다.

79

노인들(예를 들면, 여러분의 할머니나 할아버지)에게 여러분이 태어나기 이전 시대(또는 장소)에서 들었던 소리에 관해 이야기를 들어 보자.

아래에 나오는 이야기는 루 기앙상테가 팔십 대 노인들에게서 수집한, 금세기 초엽 뉴욕 시의 소리에 관한 기억이다.

— 신문에는 호외가 있었다. '호외요! 호외!'라며 신문팔이가 외쳐 댔다. 깊은 밤, 그들이 거리를 달리면서 '호외요! 호외!'라고 외치는 것을 자주 듣곤 했다. 우리가 집 앞에 나와서 신문을 사게 하려고 헤드라인은 중얼거리듯 작게 말했다.

— 노면 전차의 '땡! 땡!' 하는 소리를 기억한다. 이스트 브로드웨이의 노면 전차는 그랜드스트리트보다 그 소리가 재미있었다. 전차가 작았기 때문이다. 소리 높이

도 약간 낮고, 요즘 자동차의 경적처럼 거칠거나 귀에
거슬리지도 않았다.

— 거리 대부분은 돌이었으므로 말이나 마차 소리는 어
디에서나 들렸다. 끊임없이 반복되는 단조로운 소리
였다. 마차는 만들어진 연대에 따라 소리가 다르다. 어
떤 것은 경첩이 삐걱거리며 당장에라도 떨어질 것 같
았다.

— 소방차 소리는 대단했다. 정말 요란스러운 소리…. 벨
은 땡땡 울리고, 말도 깜짝 놀라 굉장한 소리를 냈다.
나는 집으로 뛰어 들어가 숨곤 했다. 사이렌과 벨….
소방수들은 쉬지 않고 벨을 울려 댔다.

— 행상인이 늘 주변을 소리치면서 지나곤 했다. '감자
요, 감자! 딸기요, 딸기! 바나나도 있어요!'라고 외치
면, 사람들은 그 물건들을 사려고 길가로 달려 나왔다.

— 행상인과 넝마주이가 벨을 가지고 줄곧 딸랑딸랑 소
리를 냈다. 트럭이 움직이면 벨도 요동쳤다. 두세 블록

떨어져도 들을 수 있었다.

— 자동차 따위는 셀 수 있을 정도였다. 가끔씩 택시를 보기는 했지만, 특히 센트럴파크 주변에는 말이나 화물차가 대부분이었다. 행상인이 손수레 차로 과일을 파는 소리를 들은 기억이 있다. 노새나 말이 함께 화물차를 끌며 무거운 발걸음으로 걷던 소리가 기억난다.

80

과거의 사운드스케이프를 조사하는 또 다른 방법은 음향
적으로 풍부한 소재를 다룬 문장이나 시각 자료들(예를
들면 소설, 이야기, 그림, 사진 등)을 찾아보고, 거기 있는
모든 소리를 써 보는 것이다.

모두 각각 기록을 찾아서 그 결과를 발표해 보자.

81

자신의 과거를 잊어서는 안 된다. 이쯤에서 소리 일기 숙제를 하나 더 해 보자. 여러분의 어린 시절에 들었던 것으로 기억되는 최초의 소리에 대한 짧은 에세이를 써 보자.

어떤 느낌인가를 보여 주기 위해 내가 학생들한테서 모은 소리 기억의 방대한 컬렉션 중에서 적당한 것을 하나 골라 아래에 소개한다.

내가 기억하는 소리 중 하나는 의사가 검진할 때 나는 소리였다. 그의 가죽 가방은 걸을 때마다 늘 삐걱거리는 소리가 났다. 걸어가면서 그가 내는 기침 소리도 기억난다. 의사는 항상 징을 박은 신발을 신고 다녔다. 주사를 놓을 때에는 주사 바늘이 떨어지면 이상한 소리가 나는 금속 단지를 항상 사용했다. 그러고 나서 귀 기울여 보면, 뜨거운 물이 끓는 소리가 들려왔다. 나는 그 소리가 멈추는 것이 무서웠다. 왜냐하면 그 소리가 멈춘다는 것은 그 뒤에 고통이 온다는 뜻이었기 때문이다.

82

사운드스케이프에는 늘 새로운 소리가 침입해 들어온다. 지난 한두 해 사이 여러분의 사운드스케이프에 새롭게 들어온 소리의 목록을 만들어 보자.

루 기앙상테가 앞의 뉴욕 학생들에게 새로운 소리에 관해 물었을 때, 그들은 다음과 같은 소리를 예로 들었다.

 — 컴퓨터 게임의 비프 음.
 — 자동차의 전자적으로 합성된 소리. 가령, '안전벨트를 착용해 주십시오.'
 — 사람들이 갖고 다니는 전자 용품의 삑삑거리는 소리.
 — 만능 조리 기구 소리.
 — 전자레인지의 삐 하는 소리.
 — 전자 알람이 달린 소리 없는 (똑딱거림 없는) 시계.
 — 단추식 전화기 소리.
 — 전자식 현금 등록기 소리.

— 전기 스테이플러 소리.

— 전자 예초기 소리.

— 컴퓨터 키보드의 달그락거리는 소리.

— 컴퓨터의 비프 음.

이 소리들은 1983년에 수집했던 새로운 소리이다. 이들 가운데 많은 소리는 이미 '보통' 소리가 되었다. 그렇다면 지금 새로운 소리는 무엇일까?

83

음향 생태학은 소리와 그 환경의 관계를 문제로 한다. 이 관계에 균형이나 조화가 유지되지 못하면 이는 소음 공해가 된다. 이 문제는 이 책의 직접 주제는 아니지만, 오늘날 우리가 살아가는 현실에서 절대로 무시할 수 없는 문제이다. 우리는 청각을 위협하는 극도로 시끄러운 환경에 지나치게 끊임없이 맞닥뜨린다.

여러분이 속한 자치 단체나 정부에 어떤 소음 방지 관련 조례나 법률이 있는가를 조사해 보자. 또한 거기에서 어떤 소리가 규제되는가를 조사해 보자.

이런 법률이 사회 운동 없이 이루어지는 것은 매우 드물다. 또 사회 운동을 통해 생긴 법률이 이미 시대에 뒤떨어졌거나 오늘날의 문제에 효과적으로 대처할 수 없는 경우도 많다.

소음 규제 관련 조례가 성립된 것은 각각 언제일까? 그들은 지금도 효과적으로 시행되는가? 어떻게 적용되는가? 지금 문제 되는 모든 소음을 다룰 수 있는가? 이러한 질문들에 대한 조사를 모둠 전원이 논의해 보자.

『사운드스케이프—세계의 조율』의 '소음'이란 장에서 세계 각국의 소음 규제 법률과 그 배경을 여러 가지로 소개해 두었으니 참고하기 바란다.

84

여러분이 속한 지역의 소음 규제 법률이 현실에 잘 대응하는지를 조사하려면 어떻게 하면 좋을까?

많은 사람을 대상으로 어떤 소리가 가장 고통스러운지를 사회적으로 조사해 보는 방법이 가장 좋을 것이다. 어쩌면 조사에서 드러난 소음들 중 가장 두드러진 소음은 현행 법률이 이미 다루고 있을 수도 있다. 그렇지만 과연 현실은 어떨까?

85

소음 규제를 위한 법률이 아무 문제도 되지 않는 공동체가 있을지도 모르겠다. 그럴 때에는 지금 시점에서 소음에 대한 사람들 의견을 잘 반영한 조례의 모델을 만들어 보자.

완성되면 망설이지 말고 그것을 공공 기관에 가져가 적극적으로 검토하도록 활동해 보자. 그 정당성을 제시하기 위해 여러분이 했던 사회 조사 결과를 첨부하는 것을 잊지 않도록 하자. 정부나 자치 단체 직원이 소음 공해에 관한 조례의 개선을 생각했다면, 여러분 의견이나 노력을 고맙게 여기는 경우도 적지 않을 것이다.

86

소음에 관한 사회 조사를 하면, 여러분이 관심 있는 것을 다른 사람은 어떻게 여기는가를 알 수 있다. 어떤 길 옆에 사는 사람들에게 특정한 소리가 하루 종일 일정하게 얼마만큼 자주 들리는지를 방문 조사한 적이 몇 번 있다. 예를 들면, 오토바이가 몇 대 정도 지났다든지, 비행기 몇 대가 상공을 날아갔는지를 인터뷰하는 것이다.

다음으로는 그 근처에 머무르면서 특정 시간에 걸쳐 실제 그 횟수를 세어 본다. (순서는 서로 바꿔도 좋다.)

그리고 이 두 데이터를 비교해 본다. 내 경험에 따르면, 인터뷰에서 사람들이 말하는 횟수는 실제로 일어나는 횟수의 몇 분의 일에 그친다. 십 퍼센트 이하인 경우도 그다지 이상하지 않다. 왜 그럴까? 사람들이 듣지 않는 걸까? 아니면 소음이 그 정도로 심각하지 않다고 믿기 때문에 횟수를 적게 말하는 걸까?

87

어떤 공동체나 그 공동체에 독특한 개성을 부여하는 랜드 마크(landmark)가 있다. 마찬가지로 그곳에는 각자 사운드 마크(soundmark, 표식음)도 있다. 사운드 마크는 어떤 공동체를 특징짓는, 다른 공동체에서는 찾아볼 수 없는 소리를 말한다. 랜드 마크가 그러하듯이, 한 공동체는 사운드 마크를 통해 그 성격이 좌우된다. 구체적으로 보면, 사운드 마크는 시계 종소리, 기적이나 경적 등 공공장소에서 나는 특히 두드러진 소리였거나 그 지역의 특별한 상업 활동이나 오락과 결부된 옥내 소리였다.

동일한 울림을 갖는 공동체는 없다. 그렇다면 여러분의 공동체를 구분해 주는 소리는 어떤 것일까?

만약 그런 소리가 있다면 그 소리에 대해 좀 더 조사해 보자. 그 역사는? 그 소리는 언제, 어디에서 들을 수 있는가? 그 소리는 살아남을 수 있을까? 만약 없어질 것 같은 소리라면, 후세를 위해 기록을 남겨 두자. 그 소리 근처에서 생활하거나 일하는 사람들은 그 소리에 대해 어떤 태도를 취하는가? 그 소리를 좋아하는가? 싫어하는가? 아니면 거의 신경 쓰지 않는가?

공동체는 랜드 마크의 보전과 마찬가지로 사운드 마크의 보전도 게을리 하지 말아야 한다. 우선, 어떤 소리가 사운드 마크인지 조사해 보자. 그리고 그 소리에 어떤 특별한 의미가 있는지 조사해 보자.

88

맨 처음 서술했듯이, 이 과제는 모두 사운드스케이프 디자인과 관계된 것이다.

그렇다면 사운드스케이프 디자인이란 무엇일까?

디자이너는 여러 가지 요소들을 함께 구성해서 고도의 미적 만족감을 북돋우려고 한다. 공원이나 정원의 초목을 구성하는 사람은 랜드스케이프 디자이너, 길가나 공공건물을 구성하는 사람은 건축 디자이너, 실내 장식을 구성하는 사람은 인테리어 디자이너이다.

그러나 사운드스케이프는 사유물이 아니다. 그렇기에 전문가만으로 제멋대로 구성할 수 없다. 우리는 모두 소리를 내기 때문에, 한 사람 한 사람이 사운드스케이프의 한 부분인 것이다. 따라서 우리는 모두 그 오케스트레이션을 더 좋게 하는 역할의 일부를 담당하고 있다. 우선, 처음에는 듣는 것을 배운다. 다음으로 소리에 관해 생각하는 법을 배운다. 마지막으로 그것을 좀 더 매력적인 형태로 구성하는 방법을 시작해 보자.

이제 그 일을 시도해 볼 때가 왔다. 간단한 과제부터 시작해 보자.

여러분 집(또는 방이나 정원)의 환경을 더 좋게 하는 소리가 무언지 찾아보자.

처마에 달린 풍경 소리나 바람이 닿으면 저절로 울리는 에올리언 하프는 어떨까? 현관문에 매달아 독특한 소리를 내는 개성적 문고리는?

소리의 선택은 완전히 여러분 자유다. 그 소리가 종종 울릴 만한 장소를 선택해서 그 소리를 설치해 보자. 그 장소에서 독특한 소리가 되도록, 그 울림으로 공간을 만족시켜 보자.

89

다음 과제는 누구나 당연히 한번쯤은 생각해 본 것이다.

여러분 집이나 정원이나 방에서 어울리지 않는다고 생각하는 소리를 제거하자.

그러나 언뜻 생각하면, 이 과제는 기묘하고 하찮은 것으로 여겨질지도 모르겠다. 어울리지 않는다고 여기는 소리는 대개 집 밖에서 온다(거리 소음이나 근린소음). 또는 자기 말고 가족 누군가가 소리를 낸다고 해서 가족을 쫓아낼 수는 없기 때문이다. 그렇지만 주의 깊게 귀 기울여 보면 뭔가 쫓아낼 만한 소리도 있을 수 있다.

우리 주변에는 평상시 마음에 두지 않았지만 어지간한 게으름 때문에 나오는 불쾌한 소리, 싫은 소리가 여러 가지 있다. 예를 들면, 삐걱거리는 창문, 문을 거칠게 쾅 하고 닫거나, 의자를 질질 끄는 소리, 달달거리는 선풍기 등.

여러분 자신에게 기분 좋은 소리를 덧붙여 보자.

몸으로 낼 수 있는 소리로 주위 사람에게 기쁨을 줄 만한
소리를 생각해서 실행해 보자.

여러분 생활에서 불쾌한 소리, 다른 사람이 싫어한다고
말한 적이 있는 소리를 없애 보자.

여러분이 사용하는 말이나 표현, 발성법이나 우는소리,
귀에 거슬리게 울리는 콧소리 등이다. 없앨 수 있을까?
한번 시도해 보자.

92

여러분 공동체의 사운드스케이프 변혁을 생각해 보자.

먼저, 공원에서 시작해 보자. 모둠마다 공원 하나씩을 선정하고 그곳에서 다음 과제를 해 본다.

우선 그 공간이 완전히 익숙해질 때까지 시간을 달리하여 몇 번 그곳을 방문해 보라. 공원이 여러분 귀에 기분 좋게 들렸다면 그것은 무엇 때문인가? 또는 어떤 점이 귀에 거슬리는가?

큰 공원이라면 여러 가지 소리 환경이 있을 것이다. 사람들 노는 소리가 들려오는 장소(아이들 놀이터나 운동장)가 있는가 하면, 조용한 나무 숲(작은 길, 벤치, 숲, 시냇물)이 있어 유유자적하거나 자연 학습을 할 수 있는 곳도 있을 것이다.

여러분이 선택한 공원은 이 여러 가지 요구에 부응하는가? 만약 부응하지 않는다면, 변화가 풍부한 소리 환경을 실현하기 위해 공원을 어떻게 바꾸면 좋을까?(공원 크기나 형태를 바꾸지 않고 말이다.) 그 계획을 적어 두거나 스케치해 보자.

94

여러 사람이 커다란 음향 조각을 만들어서 공원에 배치하고 있다. 나 자신도 이런 일을 해 본 적이 있다. 기회가 있다면 모둠끼리 공원에 음향 조각을 만들어서 기부해 보는 것도 좋을 것이다.

자연의 소리와 공명하는 것(풍경이나 물을 사용한 장치)도 좋고, 일종의 음악 게임처럼 지나가는 사람들이 소리 내는 것도 좋다. 실제로 설치할 수 없더라도 공원을 기분 좋게 울릴 수 있을 듯한 디자인을 해 보자.

이에 대해서는 『사운드스케이프―세계의 조율』 중 '울림의 정원'이라는 단원이 참고가 될 것이다.

95

상상력을 발휘해 소리를 즐기기 위한 공원 모델을 만들어 보자.

소리를 즐기는 방법에도 여러 가지가 있다. 예를 들면, 음향 조각, 음악 게임, 물방아, 물을 사용한 여러 장치, 야외 음악당, 분수, 새를 불러 모으는 연못이나 나무, 자연의 작은 길, 발소리를 작게 하거나 크게 하는 여러 소재의 노면 등. 그리고 어쩌면 공원 중앙에는 휴식과 명상을 위한 '침묵의 사원'이 필요할지도 모른다.

공원 양쪽에 교통량이 많은 도로 둘이 지나간다고 하자. 교통 소음은 어떻게 대처하면 좋을까? 교통 소음에는 나무보다 높은 장벽이나 제방을 설치하는 게 효과적이다.

여러분이 사는 거리의 사운드스케이프를 생각해 보자.

여러분이 거리를 디자인해서 고칠 수 있는 권한을 부여받은 건축가라면, 그 사운드스케이프를 좋게 하려면 어떤 점을 변경하면 좋을까?

예를 들면, 모든 교통수단을 배제한다면 그 대신에 어떤 소리를 배치하면 좋을까? 그 결과 어떤 일이 일어나게 될까? 진짜 디자이너가 된 심정으로 이 문제를 다뤄 보자.

97

어떤 소리를 하루 중 특정한 시간대나 일주일 중 어느 요일만으로 제한할 수 있다고 하자. 예를 들면, 차의 통행이라든가 잔디 깎는 기계 소리, 라디오와 음악 연주, 파티, 축제 등의 소리.

여러분 계획을 표로 만들어 보자. 물론 계획은 근처에 사는 대다수 사람들이 바라는 삶과 기본적으로 일치해야 한다.

98

우리가 해야 할 일은 가능한 한 많은 사람에게 공동체의 사운드스케이프를 생각해 보도록 하는 것이다. 마지막 세 가지 과제는 모두 이를 위한 것이다. 이 과제들은 되도록 많은 사람이 참여하는 사회적 이벤트로 수행되지만, 잘 실행하려면 꽤 일찍부터 여러 모둠의 사운드스케이프 디자이너들이 주도면밀하게 준비해야만 한다.

첫 번째 과제는 '소리의 보물찾기'다.

이를 행하려면 어느 지역에서 선택된 몇 가지 소리를 문제로 만드는 것과, 그 소리가 어디에 있는가를 찾아서 기입할 백지 지도(윤곽만을 그린 지도)를 준비해야 한다. 가장 빨리 모든 소리를 정확하게 지도에 적어 넣는 사람이 우승한다. 찾아내기 어려운 소리가 있는가 하면 간단히 만날 수 있는 소리도 있다. 양쪽 요소가 조합된 소리도 있다. 물론 선택된 소리는 항상 울리든지, 적어도 그 '보물

찾기' 동안에 울리고 있는 소리로 한정된다. 따라서 사용할 수 있는 소리는 상당한 제약을 받는다.

그러나 우수한 사운드스케이프 디자이너가 있는 모둠이라면, 여러 가지 소리를 균형 있게 찾아낼 것이다. 문제 중에는 참가자 자신이 내는 소리를 포함해도 좋다. 보통 상태에서는 소리가 나지 않지만, 연주하거나 두드리거나 해서 처음 나는 소리도 괜찮다는 것이다. 예를 들면, 다음과 같다.

문제 1) 으르렁거리는 데도 소리가 나지 않는 동물은?
[해설과 대답의 예] 입 벌린 돌이나 목각 동물.

문제 2) 여러분이 자유롭게 울리거나 멈추게 할 수 있는 일정한 높낮이가 있는 소리는?
[해설과 대답의 예] 공중전화 발신음.

문제 3) 실로폰은 어디에 있는가?

[해설과 대답의 예] 가는 판자를 붙인 담장.

문제 4) 출입구 위에서 환풍기가 윙윙거리는 곳은 어디인가? 그 길의 이름과 번지는?

[해설과 대답의 예] 출입구 위 이외에서 나는 환풍기 소리는 제외.

문제 5) 들려오지만 들을 수 없는 물소리는?

[해설과 대답의 예] 하수관이나 배수관을 통하는 물소리.

문제 6) 가로로 나란한 금속제 징 여섯 개는 어디에 있는가?

[해설과 대답의 예] 가로로 나란히 있는 배수관 또는 금속제 안내판.

다음은 '소리 보물 찾으며 걷기'라고 부르는 과제다. 이 과제는 좀 더 어렵다. 공동체의 특정한 구역 안에서 소리만을 단서로 참가자가 올바른 방향으로 스스로 걸어서 찾아가도록 참가자를 이끄는 과제이다. 선택된 구역의 백지 지도에 참가자들은 정확하게 루트를 적어 가며 목적지를 향해 간다. 출발점에 가장 먼저 돌아온 사람이 승리한다.

'소리 보물 찾으며 걷기'는 사전에 상당한 준비가 필요하다. 배수관 두드리는 소리를 단서로 참가자들에게 방향을 찾게 해도, 이 지역 배수관이 모두 같은 소리를 낸다면 아무 의미도 없다. 이 과제를 내려면 선택된 지역의 사운드스케이프를 전부 알아야 한다. 단서가 너무 애매하지는 않은지, 소리를 주의 깊게 듣는 사람이라면 정확하게 목표 지점에 도달할 수 있는지, 여러 가지 사항을 미리 잘 조사해야 한다. 예를 들면, 다음과 같다.

문제 1). 스틸 드럼의 소리 아홉 가지를 찾아서 그곳에 멈춰 보자.

[해설과 대답의 예] 스틸 드럼은 금속제 기둥이나 전신주도 좋다. 처음 하나를 찾을 수 있으면, 참가자는 정해진 방향으로 계속 기둥 아홉 곳을 채워 가며 길을 걷는다.

문제 2) 왼쪽 귀로 교통 소음을 들으면서 이십 분 정도 전진해 보자. 그러면…

[해설과 대답의 예] 교통 소음이 들리는 방향을 제시하는 것으로, 어느 쪽 방향으로 걸으면 좋은지 확실해진다.

문제 3) … 물 흐르는 소리가 들려온다.

[해설과 대답의 예] 장소는 발밑의 맨홀, 다시 말해 하수구 위라도 좋다.

문제 4) 여기서부터는 작은 새들이 길 안내를 해 준다. 다음에…

[해설과 대답의 예] 근처에 나무나 공원이 있으면, 거기에서는 새소리가 잘 들릴 것이다.

문제 5) …다음으로 삐익삐익 하는 문짝(우체통이나 문)을 찾아보자.

[해설과 대답의 예] 이 사물이 하나밖에 없다는 것을 확인할 것.

문제 6) 여러분 눈앞의 두 통로 가운데 조용한 곳의 길을 가 보자. 그러면….

[해설과 대답의 예] 한쪽 길은 교통량이 많고, 다른 한쪽은 적은 경우여야 한다.

문제 7) …발소리가 허공으로 울리는 곳이 있다.
[해설과 대답의 예] 지하도나 터널 등.

문제 8) 거기에서 오른쪽 귀에 접시가 달그락거리는 소리가 들려온다.
[해설과 대답의 예] 야외 레스토랑 등.

문제 9) 윙윙거리는 소리를 찾아서 그 소리가 나는 방향으로 가 보자. 그러면….
[해설과 대답의 예] 전신주나 환풍기의 윙윙거림.

문제 10) …발밑에서 자그락거리는 곳이 있다.
→ 자갈길.

여기서 확실하게 말할 수 있는 것은 방향이 명확하고 선택된 소리가 각각 멀리 떨어져 있지 않으면, 꽤 복잡하게 얽힌 루트라도 더듬어 찾아갈 수 있다. 결국 소리만으로 출발한 지점, 다시 말해 골인 지점을 향해 마치 실을 끌어당기듯 사람들을 인도할 수 있다.

나는 주말에 '소리 보물 찾으며 걷기'를 몇 번 기획해 왔다. 방법으로는 참가자가 좋을 때 출발하고 도착하기까지 시간을 기록하는 방법을 택했다. 우승자에게는 상품을 주어도 좋을 것이다.

100

마지막은 '움직이는 소리'라는 과제다. 움직이는 소리를 대상으로 한 과제다. 앞의 두 과제와 마찬가지로, 이 과제도 사전 준비가 상당히 필요하다.

우선 몇 블록에 걸친 특정 지역을 무대로 자원 봉사자들이 몇 가지 정해진 소리를 내면서 움직이고, 그 소리를 공동체의 소란스러움 속에서 어느 시간 동안 듣게 한다. 자원 봉사자들은 길모퉁이나 상점을 이동하면서 소리 내지만, 그때 사용하는 소리는 지역의 통상적 소리 환경에서 너무 동떨어진 소리여서는 안 된다. 쇼핑하기 좋은 날의 번화가가 이 과제를 수행하는 데 가장 좋은 곳이다.

참가자들은 출발 지점에서 어떤 소리를 찾아야 하는지, 그 소리 목록과 장소 범위를 지시받는다. 예를 들면, 이곳으로부터 사방 네 블록 등이다. 이 소리들 중 무엇인가 들려왔다면, 참가자는 그 소리를 내는 사람에게 가서 카드나 쿠폰을 받는다. 카드나 쿠폰을 모두 모아 처음으로 가져온 사람이 승리한다. 이 과제를 위해 내가 만든 소리에는 다음과 같은 것이 있다.

— 바퀴에 날개 판을 단 자전거.
— 높고 날카로운 경찰의 호각 소리.
— 종이 화약으로 된 장난감 권총을 가진 어린이.
— 목에 방울을 단 개.
— 맹인용 지팡이를 가진 사람.
— 핸드백 안에 감춘, 채널을 잘못 맞추어 소음을 내는 라디오.

이러한 과제나 게임은 어떤 환경 속에 있는 모든 소리에 대해 사람들의 의식을 높이기 위한 것이다. 단순한 아이들 놀이가 아니다. 이 과제들은 나 자신이 여러 세대 사람들과 해 왔다.

사운드스케이프 디자인은 내부에서 시작해야 한다고 나는 이제까지 계속 주장해 왔다. 다시 말해서 사운드스케이프 디자인이 진정으로 의미 있으려면, 무엇보다도 감수성이 예민한 시민들의 요구가 있어야 한다. 그러한 뜻에서 사운드스케이프 디자인은 먼저, 개인이나 작은 모둠으로 시작해서 연못의 파문처럼 점차 확대되어 많은 사람을 끌어들이고, 나아가서는 모든 시민에게 영향을 주고 마지막으로 정부도 움직이게 하는 하나의 교육 프로세스다. 사운드스케이프 디자인이 그러한 형태로 실현되었을 때 비로소 세계의 사운드스케이프는 더 세련되고 아름다워질 것이다. 세계는 각각 그 땅 고유의 매력이 넘치는 곳이 될 것이다.

이것으로 과제는 끝이다. 이제부터는 여러분이 지금까지 배운 과제를 통해서 습득한 소리 능력과 좀 더 풍부한 상상력을 사용해서 자유롭게 전개할 순서이다.

옮긴이의 글

소리의 세계는 매우 다양하다. 우리 주변 환경의 변화에 따라서 소리는 변화하며, 시간이나 계절 또는 장소에 따라서도 달라진다. 도시의 형성 과정이나 시대 배경에 따라 '소리 풍경'은 크게 달라진다. 쉬운 예로, 6.25 전쟁, 4.19 혁명, 5.18 민주화 운동, 6.29 선언, 2002년 월드컵 등 당시 시대 상황을 우리는 소리의 풍경으로 기억하거나 연상해 볼 수 있다.

현대 사회에서 소리는 과학의 한 영역으로 변질되어 본래 소리에 포함되었던 감성의 힘을 잃어버리고 단순히 물리적 객체로 인식된다. 하지만 소리는 지식이 아닌 실감으로 '들을' 수 있는 것이며, 신선하고 즐거운 체험을 통해 소리 세계를 파악할 수 있음을 이 책은 보여 준다. 이 책은 우리 주변의 무수한 소리들을 떠올리게 함으로써 청각의 새로운 감성적 사고를 가능하게 해 주고, 다양한 문제의 실천과 체험을 통해 소리 세계에 대한 폭넓은 이해를 돕고 있다.

이 책은 캐나다의 작곡가이자 사운드스케이프 이론의 창시자인 머레이 셰이퍼가 평생의 음악 교육과 소리 풍경에 대한 조사 연구의 실천으로 알게 된 다양한 과제를 100가지로 정리한 것이다. 셰이퍼가 언급한 것처럼, 주변에 있는 온갖 소리를 명확히 듣고 구분하기 위한 이 책은 청각을 훈련하는 '이어 크리닝' 연습 노트라고 할 수 있다. 그는 우리 주변에 존재하는 다양한 소리 세계를 체험하고, 소리의 즐거움을 발견하며, 이를 생활에서 실천하기를 원한다.

100가지 연습 과제들은 '듣는 힘'을 새롭게 발견하는 통로가 될 것이다. 나아가 일상생활에 소리의 미학이 나타날 수 있도록 고민해 보는 환경 교육 또는 사회 교육으로 확장될 수도 있다.

이 책의 원제는 『A Sound Education』으로 1992년 머레이 셰이퍼가 캐나다에서 출간했다. 같은 해 토리고에 교수 등이 일본어로 번역 출간했는데, 일본어 판은 셰이

퍼 교수가 원본을 일부 개정해 출간한 내용을 포함하고
있다. 이 책은 머레이 셰이퍼의 원본과 일본어 판을 참고
로 했다.

이 책을 번역 출간하도록 허락해 준 머레이 셰이퍼 교
수에게 깊은 감사를 드리며, 도서출판 그물코에도 감사
의 뜻을 전한다.

2015년 9월

한명호

지은이 **머레이 셰이퍼(R. Murray Schafer)**

1933년 캐나다 온타리오 주 사니아에서 태어났다. 토론토 왕립음악원과 오스트리아, 영국에서 공부한 뒤 사이먼 프레이저 대학 언론학부 교수를 역임했다. 작곡가로서 대자연의 실험적 형태의 음악을 만들어 온 그는 캐나다 의회, 프롬 음악 재단, 쿠세비츠키 음악 재단, 구겐하임 펠로우쉽 등에서 작품상을 수상했다. 1975년부터 온타리오 주 밴크로프트에서 작곡 활동을 하고 있다. 음악 교육과 소리 풍경에 대한 많은 저작이 있으며, 대표작인 『The Soundscape : Our Sonic Environment and the Tuning of the World』는 『사운드스케이프: 세계의 조율』로 국내 출간되었다.

옮긴이 **한명호**

1964년 전남 진도에서 태어났다. 1989년 전남공대 건축공학과를 졸업하고 같은 학교 대학원에서 석사와 박사 학위를 받았다. 1994년부터 2007년까지 서남대학교 건축공학과 교수로 재직했고, 2007년부터 목포대학교 친환경건축연구센터와 호남문화콘텐츠연구소 연구 전임 교수를 역임했다. 2000년부터 소리 풍경 연구에 몰두해 지금은 소리 풍경에 관한 조사, 연구, 교육, 지역 실천 활동에 참여하고 있다. 주요 논문으로 문화관광부의 '가고 싶은 섬 홍도' 시범 사업 일환으로 연구한 「홍도의 소리경관 자원의 발굴, 보존 및 육성을 위한 사운드스케이프 조사연구」를 비롯하여 약 30여 편이 있다. 옮긴 책으로는 『사운드스케이프: 세계의 조율』, 『소리의 재발견: 소리 풍경의 사상과 실천』, 『소리 교육 2: 소리와 음악 창작을 위한 75가지 연습 노트』가 있다.

2011년에 소리 풍경 디자인 실천 활동으로 '무등산 소리 풍경 명소 발굴 사업'을 수행했고, 지금은 '김인후의 48영에 표상된 소쇄원의 소리 풍경' 연구 프로젝트를 수행하고 있다.

소리 교육 1
소리, 귀, 마음을 위한 100가지 연습 노트

1판 1쇄 펴낸날 2015년 9월 20일

지은이 머레이 셰이퍼
옮긴이 한명호
펴낸이 장은성
만든이 김수진
인 쇄 대덕인쇄
제 본 자현제책
종 이 성진페이퍼

출판등록일 2001.5.29(제10-2156호)
주소 (350-811) 충남 홍성군 홍동면 운월리 368번지
전화 041-631-3914
전송 041-631-3924
전자우편 network7@naver.com
누리집 cafe.naver.com/gmulko